NOUVEAUX MELANGES
PHILOSOPHIQUES,
HISTORIQUES,
CRITIQUES,
&c. &c. &c.

CINQUIÉME PARTIE.

NOUVEAUX MELANGES
PHILOSOPHIQUES,
HISTORIQUES,
CRITIQUES,
&c. &c.

CINQUIÉME PARTIE.

M. DCC. LXVIII.

LA PRINCESSE

DE

NAVARRE,

COMÉDIE-BALLET.

Fête donnée par le Roi en son Château de Versailles, le mardi 23 Février 1745.

AVERTISSEMENT.

LE Roi a voulu donner à Madame la Dauphine une fête qui ne fût pas seulement un de ces spectacles pour les yeux, tels que toutes les nations peuvent les donner, & qui passant avec l'éclat qui les accompagne, ne laissent après eux aucune trace. Il a commandé un spectacle qui pût à la fois servir d'amusement à la cour, & d'encouragement aux beaux arts, dont il sait que la culture contribue à la gloire de son Royaume. M. le Duc de *Richelieu*, Premier Gentilhomme de la Chambre en exercice, a ordonné cette fête magnifique.

Il a fait élever un théâtre de cinquante-six pieds de profondeur dans le grand manège de Versailles, & a fait construire une salle, dont les décorations & les embellissemens sont tellement ménagés, que tout ce qui sert au spectacle doit s'enlever en une nuit, & laisser la salle ornée pour un bal paré, qui doit former la fête du lendemain.

Le théâtre & les loges ont été construits avec la magnificence convenable, & avec le goût qu'on connaît depuis longtems dans ceux qui ont dirigé ces préparatifs.

On a voulu réunir sur ce théâtre tous les talens qui pourraient contribuer aux agrémens de la fête, & rassembler à la fois tous les charmes de la déclamation, de la danse & de

AVERTISSEMENT.

la musique, afin que la personne auguste, à qui cette fête est consacrée, pût connaître tout d'un coup les talens qui doivent être doresnavant employés à lui plaire.

On a donc voulu que celui qui a été chargé de composer la fête, fît un de ces ouvrages dramatiques, où les divertissemens en musique forment une partie du sujet, où la plaisanterie se mêle à l'héroïque, & dans lesquels on voit un mélange de l'opéra, de la comédie, & de la tragédie.

On n'a pû ni dû donner à ces trois genres toute leur étendue ; on s'est efforcé seulement de réunir les talens de tous les artistes qui se distinguent le plus, & l'unique mérite de l'auteur a été de faire valoir celui des autres.

Il a choisi le lieu de la scène sur les frontières de la Castille, & il en a fixé l'époque sous le Roi de France *Charles V*, Prince juste, sage & heureux, contre lequel les Anglais ne purent prévaloir, qui secourut la Castille, & qui lui donna un Monarque.

Il est vrai que l'histoire n'a pû fournir de semblables allégories pour l'Espagne ; car il régnait alors un Prince cruel & sans foi ; & sa femme n'était point une héroïne, dont les enfans fussent des héros. Presque tout l'ouvrage est donc une fiction, dans laquelle il a falu s'asservir à introduire un peu de bouffonnerie, au milieu des plus grands intérêts, & des fêtes au milieu de la guerre.

Ce divertissement a été exécuté le 23 Février 1745, vers les six heures du soir. Le Roi s'est placé au milieu de la falle, environné de la Famille Royale, des Princes & Princeffes de fon Sang, & des Dames de la Cour, qui formaient un fpectacle beaucoup plus beau que tous ceux qu'on pouvait leur donner.

Il eût été à défirer qu'un plus grand nombre de Français eût pû voir cette affemblée, tous les Princes de cette Maifon qui eft fur le trône longtems avant les plus anciennes du monde, cette foule de Dames parées de tous les ornemens qui font encor des chefs-d'œuvre du goût de la nation, & qui étaient effacés par elles; enfin cette joye noble & décente qui occupait tous les cœurs & qu'on lifait dans tous les yeux.

On eft forti du fpectacle à neuf heures & demie dans le même ordre qu'on était entré, & alors on a trouvé toute la façade du palais & des écuries illuminée. La beauté de cette fête n'eft qu'une faible image de la joye d'une nation qui voit réunir le fang de tant de Princes auxquels elle doit fon bonheur & fa gloire.

Sa Majefté, fatisfaite de tous les foins qu'on a pris pour lui plaire, a ordonné que ce fpectacle fût repréfenté encor une feconde fois.

PROLOGUE
DE LA FÊTE POUR LE MARIAGE
DE MONSIEUR LE DAUPHIN.

LE SOLEIL descend dans son char, & prononce ces paroles.

L'Inventeur des beaux Arts, le Dieu de la lumière,
Descend du haut des cieux dans le plus beau séjour
Qu'il puisse contempler en sa vaste carrière.

  La Gloire, l'Hymen & l'Amour,
  Astres charmans de cette Cour,
  Y répandent plus de lumière
  Que le flambeau du Dieu du jour.
J'envisage en ces lieux le bonheur de la France,
Dans ce Roi qui commande à tant de cœurs soumis;
Mais tout Dieu que je suis, & Dieu de l'éloquence,
  Je ressemble à ses ennemis,
  Je suis timide en sa présence.

  Faut-il qu'ayant tant d'assurance,
  Quand je fais entendre son nom,

Il ne m'inspire ici que de la défiance?
   Tout grand-homme a de l'indulgence,
   Et tout Héros aime Apollon.
Qui rend son siécle heureux, veut vivre en la mémoire;
Pour mériter Homère, Achille a combattu.
   Si l'on dédaignait trop la Gloire,
   On chérirait peu la Vertu.

(*Tous les Acteurs bordent le théâtre, représentant*
   les Muses & les beaux Arts.)

O vous qui lui rendez tant de divers hommages,
Vous qui le couronnez, & dont il est l'appui,
N'espérez pas pour vous avoir tous les suffrages,
   Que vous réunissez pour lui.
Je sais que de la Cour la science profonde,
   Serait de plaire à tout le monde;
C'est un art qu'on ignore; & peut-être les Dieux
En ont cédé l'honneur au maitre de ces lieux.
Muses, contentez-vous de chercher à lui plaire;
Ne vantez point ici d'une voix téméraire
La douceur de ses loix, les efforts de son bras,
   Thémis, la Prudence, & Bellone
   Conduisant son cœur & ses pas,
La bonté généreuse assise sur son trône;
Le Rhin libre par lui, l'Escaut épouvanté,
Les Apennins fumans que sa poudre environne;
Laissons ces entretiens à la postérité,
Ces leçons à son fils, cet exemple à la terre.
Vous graverez ailleurs dans les fastes des tems,
   Tous ces terribles monumens,
   Dressés par les mains de la guerre.
           Célé-

PROLOGUE.

Célébrez aujourd'hui l'hymen de ses enfans,
Déployez l'appareil de vos jeux innocens.
L'objet qu'on désirait, qu'on admire, & qu'on aime,
Jette déja sur vous des regards bienfaisans :
On est heureux sans vous ; mais le bonheur suprême
      Veut encor des amusemens.

※→

Cueillez toutes les fleurs, & parez-en vos têtes ;
Mêlez tous les plaisirs, unissez tous les jeux,
Souffrez le plaisant même ; il faut de tout aux fêtes,
Et toûjours les Héros ne sont pas sérieux.
Enchantez un loisir, hélas ! trop peu durable.
Ce peuple de guerriers qui ne paraît qu'aimable,
Vous écoute un moment, & revole aux dangers.
Leur maître en tous les tems veille sur la patrie.
Les soins sont éternels, ils consument la vie ;
      Les plaisirs sont trop passagers.
Il n'en est pas ainsi de la vertu solide,
Cet hymen l'éternise, il assure à jamais,
A cette race auguste, à ce peuple intrépide,
      Des victoires & des bienfaits.

※→

Muses, que votre zèle à mes ordres réponde.
Le cœur plein des beautés dont cette Cour abonde,
Et que ce jour illustre rassemble autour de moi,
Je vais voler au ciel, à la source féconde
      De tous les charmes que je voi ;
      Je vais, ainsi que votre Roi,
Recommencer mon cours pour le bonheur du monde.

ACTEURS CHANTANS
DANS TOUS LES CHŒURS.

Quinze femmes & vingt-cinq hommes.

ACTEURS DE LA COMÉDIE.

CONSTANCE, Princesse de Navarre.

LE DUC DE FOIX.

DON MORILLO, Seigneur de Campagne.

SANCHETTE, fille de Morillo.

LÉONOR, l'une des femmes de la Princesse.

HERNAND, Ecuyer du Duc.

Un Officier des Gardes.

Un Alcade.

Un Jardinier.

Suite.

La scène est dans les jardins de Don Morillo, sur les confins de la Navarre.

LA PRINCESSE DE NAVARRE,
COMÉDIE-BALLET.

ACTE PREMIER.
SCENE PREMIERE.
CONSTANCE, LEONOR.

LEONOR.

AH quel voyage, & quel séjour,
>Pour l'héritière de Navarre !

Votre tuteur Don Pedre est un tyran barbare ;
>Il vous force à fuir de sa Cour.

Du fameux Duc de Foix vous craignez la tendresse ;
>Vous fuyez la haine & l'amour ;
>Vous courez la nuit & le jour,

Sans

Sans page & sans dame d'atour,
Quel état pour une Princesse !
Vous vous exposez tour à tour
A des dangers de toute espèce.

CONSTANCE.

J'espère que demain, ces dangers, ces malheurs,
De la guerre civile effet inévitable,
Seront au moins suivis d'un ennui tolérable,
Et je pourrai cacher mes pleurs,
Dans un asyle inviolable.
O sort ! à quels chagrins me veux-tu réserver ?
De tous côtés infortunée,
Don Pedre aux fers m'avait abandonnée,
Gaston de Foix veut m'enlever.

LEONOR.

Je suis de vos malheurs comme vous occupée ;
Malgré mon humeur gaie ils troublent ma raison ;
Mais un enlévement, ou je suis fort trompée,
Vaut un peu mieux qu'une prison.
Contre Gaston de Foix quel couroux vous anime ?
Il veut finir votre malheur ;
Il voit ainsi que nous Don Pedre avec horreur.
Un Roi cruel qui vous opprime,
Doit vous faire aimer un vengeur.

CONSTANCE.

Je hais Gaston de Foix autant que le Roi même.

LEONOR.

Eh pourquoi ? parce qu'il vous aime ?

CONSTANCE.

Lui m'aimer ? nos parens se sont toûjours haïs.

LEONOR.
Belle raison !
CONSTANCE.
Son père accabla ma famille.
LEONOR.
Le fils est moins cruel, Madame, avec la fille ;
Et vous n'êtes point faits pour vivre en ennemis.
CONSTANCE.
De tout tems la haine sépare
Le sang de Foix, & le sang de Navarre.
LEONOR.
Mais l'amour est utile aux raccommodemens.
Enfin dans vos raisons je n'entre qu'avec peine ;
Et je ne crois point que la haine
Produise les enlévemens.
Mais ce beau Duc de Foix, que votre cœur déteste,
L'avez-vous vû, Madame ?
CONSTANCE.
Au moins mon sort funeste,
A mes yeux indignés n'a point voulu l'offrir.
Quelque hazard aux siens m'a pû faire paraître.
LEONOR.
Vous m'avoûrez qu'il faut connaître
Du moins avant que de haïr.
CONSTANCE.
J'ai juré, Léonor, au tombeau de mon père,
De ne jamais m'unir à ce sang que je hais.
LEONOR.
Serment d'aimer toûjours, ou de n'aimer jamais,
Me paraît un peu téméraire.
Enfin, de peur des Rois & des amans, hélas !

Vous

Vous allez dans un cloître enfermer tant d'appas.
CONSTANCE.
Je vais dans un couvent tranquille,
Loin de Gaſton, loin des combats,
Cette nuit trouver un aſyle.
LEONOR.
Ah ! c'était à Burgos, dans votre appartement,
Qu'était en effet le couvent.
Loin des hommes renfermée,
Vous n'avez pas vû ſeulement
Ce jeune & redoutable amant
Qui vous avait tant allarmée.
Grace aux troubles affreux dont nos Etats ſont pleins,
Au moins dans ce château nous voyons des humains.
Le maître du logis, ce Baron qui vous prie
A dîner malgré vous, faute d'hôtellerie,
Eſt un Baron abſurde, ayant aſſez de bien,
Groſſiérement galant avec peu de ſcrupule ;
Mais un homme ridicule
Vaut peut-être encor mieux que rien.
CONSTANCE.
Souvent dans le loiſir d'une heureuſe fortune,
Le ridicule amuſe, on ſe prête à ſes traits ;
Mais il fatigue, il importune
Les cœurs infortunés & les eſprits bien faits.
LEONOR.
Mais un eſprit bien fait peut remarquer, je penſe,
Ce noble Cavalier ſi prompt à vous ſervir,
Qu'avec tant de reſpects, de ſoin, de complaiſance,
Au devant de vos pas nous avons vû venir.

COMEDIE-BALLET.

CONSTANCE.

Vous le nommez ?

LEONOR.

Je crois qu'il se nomme Alamir.

CONSTANCE.

Alamir ? il paraît d'une toute autre espèce
Que Monsieur le Baron.

LEONOR.

Oui, plus de politesse,
Plus de monde, de grace.

CONSTANCE.

Il porte dans son air
Je ne sais quoi de grand.

LEONOR.

Oui.

CONSTANCE.

De noble.

LEONOR.

Oui.

CONSTANCE.

De fier.

LEONOR.

Oui. J'ai cru même y voir je ne sais quoi de tendre.

CONSTANCE.

Oh point. Dans tous les soins qu'il s'empresse à nous rendre
Son respect est si retenu !

LEONOR.

Son respect est si grand qu'en vérité j'ai cru
Qu'il a deviné votre Altesse.

CONSTANCE.

Les voici, mais surtout point d'Altesse en ces lieux ;
Dans mes destins injurieux

Nouv. Mél. V. Part.

Je conferve le cœur, non le rang de Princeffe.
Garde de découvrir mon fecret à leurs yeux :
Modère ta gayeté déplacée, imprudente ;
    Ne me parle point en fuivante.
    Dans le plus fecret entretien,
Il faut t'accoûtumer à paffer pour ma tante.
        LEONOR.
Oui, j'aurai cet honneur, je m'en fouviens trés-bien.
        CONSTANCE.
    Point de refpect, je te l'ordonne.

SCENE II.

DON MORILLO, & LE DUC DE FOIX
   en jeune Officier, *d'un côté du théâtre.*

De l'autre, CONSTANCE & LEONOR.

MORILLO *au Duc de Foix, qu'il prend toûjours*
       pour Alamir.

OH, oh, qu'eft-ce donc que j'entens ?
La tante eft tutoyée ? Ah, ma foi, je foupçonne
Que cette tante là n'eft pas de fes parens.
Alamir, mon ami, je crois que la friponne
    Ayant fur moi du deffein,
    Pour rencherir fa perfonne,
    Prit cette tante en chemin.
      LE DUC DE FOIX.
Non, je ne le crois pas ; elle parait bien née.
La vertu, la nobleffe éclate en fes regards.

                                 De

De nos troubles civils les funestes hazards
Près de votre château l'ont sans doute amenée.
MORILLO.
Parbleu, dans mon château je prétens la garder;
En bon parent tu dois m'aider :
C'est une bonne aubaine, & des niéces pareilles
Se trouvent rarement, & m'iraient à merveilles.
LE DUC DE FOIX.
Gardez de les laisser échapper de vos mains.
LEONOR *à la Princesse.*
On parle ici de vous, & l'on a des desseins.
MORILLO.
Je réponds de leurs complaisances.
(*Il s'avance vers la Princesse de Navarre.*)
Madame, jamais mon château,...
(*au Duc de Foix.*)
Aide-moi donc un peu.
LE DUC DE FOIX, *bas.*
Ne vit rien de si beau.
MORILLO.
Ne vit rien de si beau.... Je sens en sa présence
Un embarras tout nouveau.
Que veut dire cela ? Je n'ai plus d'assurance.
LE DUC DE FOIX.
Son aspect en impose, & se fait respecter.
MORILLO.
A peine elle daigne écouter.
Ce maintien reservé glace mon éloquence;
Elle jette sur nous un regard bien altier !
Quels grands airs ! Allons donc, sers-moi de chancelier;

Explique-lui le reste, & touche un peu son ame.

LE DUC DE FOIX.

Ah ! que je le voudrais !... Madame,
Tout reconnaît ici vos souveraines loix ;
Le ciel, sans doute, vous a faite
Pour en donner aux plus grands Rois.
Mais du sein des grandeurs, on aime quelquefois,
A se cacher dans la retraite.
On dit que les Dieux autrefois,
Dans de simples hameaux se plaisaient à paraître :
On put souvent les méconnaître,
On ne peut se méprendre aux charmes que je vois.

MORILLO.

Quels discours ampoulés, quel diable de langage !
Es-tu fou ?

LE DUC DE FOIX.

Je crains bien de n'être pas trop sage.

(*à Léonor.*)

Vous qui semblez la sœur de cet objet divin,
De nos empressemens daignez être attendrie,
Accordez un seul jour, ne partez que demain ;
Ce jour le plus heureux, le plus beau de ma vie,
Du reste de nos jours va régler le destin.

(*à Morillo.*)

Je parle ici pour vous.

MORILLO.

Eh bien, que dit la tante ?

LEONOR.

Je ne vous cache point que cette offre me tente :
Mais, Madame, ma niéce,

Mo-

MORILLO *à Léonor.*
                    Oh, c'eſt trop de raiſon ;
A la fin, je ſerai le maître en ma maiſon.
Ma tante, il faut ſouper alors que l'on voyage ;
        Petites façons & grands airs,
        A mon avis, ſont des travers.
Humaniſez un peu cette niéce ſauvage.
        Plus d'une Reine en mon château,
A couché dans la route, & l'a trouvé fort beau.
            CONSTANCE.
Ces Reines voyageaient en des tems plus paiſibles ;
Et vous ſavez quel trouble agite ces Etats.
A tous vos ſoins polis nos cœurs ſeront ſenſibles ;
Mais nous partons, daignez ne nous arrêter pas.
            MORILLO.
La petite obſtinée ! Où courez-vous ſi vite ?
            CONSTANCE.
Au couvent.
            MORILLO.
    Quelle idée, & quels triſtes projets !
Pourquoi préférez-vous un auſſi vilain gîte ?
    Qu'y pourriez-vous trouver ?
            CONSTANCE.
                    La paix.
        LE DUC DE FOIX.
Que cette paix eſt loin de ce cœur qui ſoupire !
            MORILLO.
Eh bien, eſpères-tu de pouvoir la réduire ?
        LE DUC DE FOIX.
Je vous promets du moins d'y mettre tout mon art.
            MORILLO.
J'employerai tout le mien.

LEONOR.
Souffrez qu'on se retire;
Il faut ordonner tout pour ce prochain départ.
(*Elles font un pas vers la porte.*)
LE DUC DE FOIX.
Le respect nous défend d'insister davantage;
Vous obéïr en tout est le premier devoir.
(*Ils font une révérence.*)
Mais quand on cesse de vous voir,
En perdant vos beaux yeux, on garde votre image.

SCENE III.

LE DUC DE FOIX, DON MORILLO.

MORILLO.
ON ne partira point, & j'y suis résolu.
LE DUC DE FOIX.
Le sang m'unit à vous, & c'est une vertu
D'aider dans leurs desseins des parens qu'on révère.
MORILLO.
La niéce est mon vrai fait, quoiqu'un peu froide & fière;
La tante sera ton affaire.
Que me conseilles-tu?
LE DUC DE FOIX.
D'être aimable, de plaire.
MORILLO.
Fai-moi plaire.
LE DUC DE FOIX.
Il y faut mille soins complaisans,
Les plus profonds respects, des fêtes & du tems.

COMEDIE-BALLET.

MORILLO.

J'ai très peu de respect, le tems est long ; les fêtes
 Coûtent beaucoup, & ne sont jamais prêtes ;
C'est de l'argent perdu.

LE DUC DE FOIX.

L'argent fut inventé
Pour payer, si l'on peut, l'agréable & l'utile.
Eh jamais le plaisir fut-il trop acheté ?

MORILLO.

Comment t'y prendras-tu ?

LE DUC DE FOIX.

La chose est très facile.
 Laissez-moi partager les frais.
 Il vient de venir ici près
 Quelques comédiens de France,
Des Troubadours experts dans la haute science,
Dans le premier des arts, le grand art du plaisir :
 Ils ne sont pas dignes, peut-être,
Des adorables yeux qui les verront paraître ;
Mais ils savent beaucoup, s'ils savent réjouir.

MORILLO.

Réjouïssons-nous donc.

LE DUC DE FOIX.

Oui, mais avec mystère.

MORILLO.

Avec mystère, avec fracas,
 Sers-moi tout comme tu voudras ;
Je trouve tout fort bon quand j'ai l'amour en tête.
 Prépare ta petite fête :
De mes menus plaisirs je te fais l'intendant.
 Je veux subjuguer la friponne,

Avec

Avec son air important,
Et je vais pour danser ajuster ma personne.

SCENE IV.

LE DUC DE FOIX, HERNAND.

LE DUC DE FOIX,

Hernand, tout est-il prêt ?

HERNAND.

Pouvez-vous en douter ?
Quand Monseigneur ordonne, on fait exécuter.
Par mes soins secrets tout s'apprête,
Pour amollir ce cœur & si fier & si grand.
Mais j'ai grand peur que votre fête
Réussisse aussi mal que votre enlévement.

LE DUC DE FOIX.

Ah ! c'est-là ce qui fait la douleur qui me presse ;
Je pleure ces transports d'une aveugle jeunesse,
Et je veux expier le crime d'un moment
Par une éternelle tendresse.
Tout me réussira ; car j'aime à la fureur.

HERNAND.

Mais en déguisemens vous avez du malheur :
Chez Don Pedre en secret j'eus l'honneur de vous suivre
En qualité de conjuré,
Vous fûtes reconnu, tout prêt d'être livré,
Et nous sommes heureux de vivre.
Vos affaires ici ne tournent pas trop bien,
Et je crains tout pour vous.

Le

LE DUC DE FOIX.
J'aime & je ne crains rien;
Mon projet avorté, quoique plein de justice,
Dut sans doute être malheureux ;
Je ne méritais pas un destin plus propice ;
Mon cœur n'était point amoureux.
Je voulais d'un tyran punir la violence,
Je voulais enlever Constance,
Pour unir nos maisons, nos noms & nos amis.
La seule ambition fut d'abord mon partage.
Belle Constance je vous vis,
L'amour seul arme mon courage.

HERNAND.
Elle ne vous vit point, c'est-là votre malheur.
Vos grands projets lui firent peur ;
Et dès qu'elle en fut informée,
Sa fureur contre vous dès longtems allumée,
En avertit toute la Cour.
Il falut fuir alors.

LE DUC DE FOIX.
Elle fuit à son tour.
Nos communs ennemis la rendront plus traitable.

HERNAND.
Elle hait votre sang.

LE DUC DE FOIX.
Quelle haine indomptable
Peut tenir contre tant d'amour ?

HERNAND.
Pour un héros tout jeune & sans expérience,
Vous embrassez beaucoup de terrain à la fois :
Vous voudriez finir la mésintelligence

Du

   Du sang de Navarre & de Foix.
Vous avez en secret avec le Roi de France,
   Un chiffre de correspondance.
Contre un Roi formidable ici vous conspirez ;
Vous y risquez vos jours & ceux des conjurés.
Vos troupes vers ces lieux s'avancent à la file ;
Vous préparez la guerre au milieu des festins ;
Vous bernez le Seigneur qui vous donne un azile ;
Sa fille pour combler vos singuliers destins,
Devient folle de vous, & vous tient en contrainte ;
Il vous faut employer & l'audace & la feinte.
Téméraire en amour & criminel d'Etat,
Perdant votre raison, vous risquez votre tête.
   Vous allez livrer un combat,
   Et vous préparez une fête ?

   LE DUC DE FOIX.
Mon cœur de tant d'objets n'en voit qu'un seul ici.
Je ne vois, je n'entens que la belle Constance.
Si par mes tendres soins son cœur est adouci,
   Tout le reste est en assurance.
Don Pedre périra, Don Pedre est trop haï.
Le fameux Du Guesclin vers l'Espagne s'avance ;
   Le fier Anglais notre ennemi,
D'un tyran détesté prend en vain la défense :
Par le bras des Français les Rois sont protégés ;
Des tyrans de l'Europe ils domptent la puissance ;
Le sort des Castillans sera d'être vengés
   Par le courage de la France.

   HERNAND.
Et cependant en ce séjour

Vous

Vous ne connaiffez rién qu'un charmant efclavage.
LE DUC DE FOIX.
Va; tu verras bientôt ce que peut un courage
  Qui fert la patrie & l'amour.
   Ici tout ce qui m'inquiette,
C'eft cette paffion dont m'honore Sanchette,
  La fille de notre Baron.
HERNAND.
C'eft une fille neuve, innocente, indifcrette,
  Bonne par inclination,
  Simple par éducation,
  Et par inftinct un peu coquette;
C'eft la pure nature en fa fimplicité.
LE DUC DE FOIX.
Sa fimplicité même eft fort embarraffante,
Et peut nuire aux projets de mon cœur agité.
J'étais loin d'en vouloir à cette ame innocente.
J'apprens que la Princeffe arrive en ce canton.
Je me rens fur la route, & me donne au Baron
Pour un fils d'Alamir, parent de la maifon.
En amour comme en guerre une rufe eft permife.
  J'arrive, & fur un compliment,
  Moitié poli, moitié galant,
  Que partout l'ufage autorife.
  Sanchette prend feu promptement,
  Et fon cœur tout neuf s'humanife;
  Elle me prend pour fon amant,
  Se flatte d'un engagement,
  M'aime & le dit avec franchife.
  Je crains plus fa naïveté,

LA PRINCESSE DE NAVARRE.

Que d'une femme bien apprise
Je ne craindrais la fausseté.

HERNAND.
Elle vous cherche.

LE DUC DE FOIX.
Je te laisse :
Tâche de dérouter sa curiosité,
Je vole aux pieds de la Princesse.

SCENE V.

SANCHETTE, HERNAND.

SANCHETTE.
JE suis au desespoir.

HERNAND.
Qu'est-ce qui vous déplaît,
Mademoiselle ?

SANCHETTE.
Votre maître.

HERNAND.
Vous déplait-il beaucoup ?

SANCHETTE.
Beaucoup ; car c'est un traître,
Ou du moins il est prêt de l'être ;
Il ne prend plus à moi nul intérêt.
Avant-hier il vint, & je fus transportée
De son séduisant entretien ;
Hier il m'a beaucoup flattée,
A présent il ne me dit rien.
Il court, ou je me trompe, après cette étrangère :
Moi

Moi je cours après lui, tous mes pas sont perdus;
    Et depuis qu'elle est chez mon père,
    Il semble que je n'y sois plus.
Quelle est donc cette femme, & si belle & si fière,
    Pour qui l'on fait tant de façons?
On va pour elle encor donner les violons,
    Et c'est ce qui me désespère.

        HERNAND.

Elle va tout gâter..... Mademoiselle, eh bien
Si vous me promettiez de n'en témoigner rien,
D'être discrette.

        SANCHETTE.

    Oh oui, je jure de me taire,
Pourvû que vous parliez.

        HERNAND.

        Le secret, le mystère
Rend les plaisirs piquans.

        SANCHETTE.

            Je ne vois pas pourquoi.

        HERNAND.

Mon maître né galant, dont vous tournez la tête,
Sans vous en avertir, vous prépare une fête.

        SANCHETTE.

Quoi tous ces violons!

        HERNAND.

        Sont tous pour vous.

        SANCHETTE.

                Pour moi!

        HERNAND.

N'en faites point semblant, gardez un beau silence;
Vous verrez vingt Français entrer dans un moment;

Ils font parés superbement ;
Ils parlent en chansons, ils marchent en cadence,
Et la joye est leur élément.

SANCHETTE.

Vingt beaux Messieurs Français ! j'en ai l'ame ravie ;
J'eus de voir des Français toûjours très grande envie :
Entreront-ils bientôt ?

HERNAND.

    Ils sont dans le château.

SANCHETTE.

L'aimable nation ! que de galanterie !

HERNAND.

On vous donne un spectacle, un plaisir tout nouveau.
Ce que font les Français est si brillant, si beau !

SANCHETTE.

Eh qu'est-ce qu'un spectacle ?

HERNAND.

    Une chose charmante.
Quelquefois un spectacle est un mouvant tableau,
Où la nature agit, où l'histoire est parlante,
Où les Rois, les héros sortent de leur tombeau :
Des mœurs des nations, c'est l'image vivante.

SANCHETTE.

Je ne vous entens point.

HERNAND.

    Un spectacle assez beau
 Serait encor une fête galante ;
C'est un art tout français d'expliquer ses desirs,
Par l'organe des jeux, par la voix des plaisirs.
Un spectacle est surtout un amoureux mystère,
Pour courtiser Sanchette & tâcher de lui plaire,

Avant

Avant d'aller tout uniment,
Parler au Baron votre père,
De Notaire, d'engagement,
De fiançaille & de douaire.
SANCHETTE.
Ah ! je vous entens bien ; mais moi, que dois-je faire ?
HERNAND.
Rien.
SANCHETTE.
Comment, rien du tout ?
HERNAND.
Le goût, la dignité,
Confiftent dans la gravité,
Dans l'art d'écouter tout finement fans rien dire,
D'approuver d'un regard, d'un gefte, d'un fourire,
Le feu dont mon maître foupire,
Sous des noms empruntés, devant vous paraîtra.
Et l'adorable Sanchette,
Toûjours tendre, toûjours difcretter,
En filence triomphera.
SANCHETTE.
Je comprens fort peu tout cela ;
Mais je vous avoûrai que je fuis enchantée
De voir de beaux Français, & d'en être fêtée.

SCENE

SCÈNE VI.

SANCHETTE & HERNAND *sont sur le devant;* LA PRINCESSE DE NAVARRE *arrive par un des côtés du fond sur le théâtre, entre* DON MORILLO & LE DUC DE FOIX, Suite.

LEONOR *à Morillo.*
Oui, Monsieur, nous allons partir.

LE DUC DE FOIX *à part.*
Amour, daigne éloigner un départ qui me tue.

SANCHETTE *à Hernand.*
On ne commence point. Je ne peux me tenir;
Quand aurai-je une fête aux yeux de l'inconnuë?
Je la verrai jalouse, & c'est un grand plaisir.

CONSTANCE *voulant passer par une porte, elle s'ouvre, & paraît remplie de guerriers.*
Que vois-je, oh ciel! suis-je trahie?
Ce passage est rempli de guerriers menaçans!
Quoi Don Pedre en ces lieux étend sa tyrannie?

LEONOR.
La frayeur trouble tous mes sens.

(*Les guerriers entrent sur la scène précédés de trompettes, & tous les acteurs de la comédie se rangent d'un côté du théâtre.*)

UN GUERRIER *chantant.*
Jeune beauté, cessez de vous plaindre,
 Bannissez vos terreurs,
 C'est vous qu'il faut craindre;

Ban-

Bannissez vos terreurs,
C'est vous qu'il faut craindre,
Régnez sur nos cœurs.

LE CHŒUR *répète.*

Jeune beauté, cessez de vous plaindre, &c.
(*Marche de guerriers dansans.*)

UN GUERRIER.

Lorsque Vénus vient embellir la terre,
C'est dans nos champs qu'elle établit sa cour.
Le terrible Dieu de la guerre,
Désarmé dans ses bras sourit au tendre Amour.
Toûjours la beauté dispose
Des invincibles guerriers ;
Et le charmant Amour est sur un lit de rose
A l'ombre des lauriers.

LE CHŒUR.

Jeune beauté, cessez de vous plaindre, &c.
(*On danse.*)

UN GUERRIER.

Si quelque tyran vous opprime,
Il va tomber la victime
De l'amour & de la valeur ;
Il va tomber sous le glaive vengeur.

UN GUERRIER.

A votre présence
Tout doit s'enflammer ;
Pour votre défense
Tout doit s'armer ;
L'amour, la vengeance
Doit nous animer.

LE CHŒUR répète.
A votre préfence
Tout doit s'enflammer, &c.
(On danfe.)
CONSTANCE à Léonor.
Je l'avoûrai, ce divertiſſement
Me plaît, m'allarme davantage;
On dirait qu'ils ont ſû l'objet de mon voyage.
Ciel! avec mon état quel rapport étonnant!
LEONOR.
Bon, c'eſt pure galanterie;
C'eſt un air de chevalerie,
Que prend le vieux Baron pour faire l'important.
(La Princeſſe veut s'en aller, le Chœur l'arrête en chantant.)
LE CHŒUR.
Demeurez, préſidez à nos fêtes,
Que nos cœurs ſoient ici vos conquêtes.
DEUX GUERRIERS.
Tout l'univers doit vous rendre
L'hommage qu'on rend aux Dieux;
Mais en quels lieux
Pouvez-vous attendre
Un hommage plus tendre,
Plus digne de vos yeux?
LE CHŒUR.
Demeurez, préſidez à nos fêtes,
Que nos cœurs ſoient vos tendres conquêtes.
(Les acteurs du divertiſſement rentrent par le même portique.)
(Pendant que Conſtance parle à Léonor, Don Morillo qui
eſt devant elles, leur fait des mines.)
(Et

COMÉDIE-BALLET. 35

(*Et Sanchette qui est alors auprès du Duc de Foix, le tire à part sur le devant du théâtre.*)

SANCHETTE *au Duc de Foix.*

Ecoutez donc, mon cher amant;
L'aubade qu'on me donne est étrangement faite,
Je n'ai pas pû danser. Pourquoi cette trompette?
Qu'est-ce qu'un Mars, Vénus, des tyrans, des combats,
 Et pas un seul mot de Sanchette?
A cette dame-ci tout s'adresse en ces lieux;
 Cette préférence me touche.

LE DUC DE FOIX.

Croyez-moi, taisons-nous; l'Amour respectueux
Doit avoir quelquefois son bandeau sur la bouche,
 Bien plus encor que sur les yeux.

SANCHETTE.

Quel bandeau, quels respects! ils sont bien ennuyeux!

MORILLO *s'avançant vers la Princesse.*

Eh bien, que dites-vous de notre sérénade?
La tante est-elle un peu contente de l'aubade?

LEONOR.

Et la tante & la niéce y trouvent mille appas.

LA PRINCESSE *à Léonor.*

Qu'est-ce que tout ceci? Non, je ne comprens pas
Les contrariétés qui s'offrent à ma vuë;
Cette rusticité du Seigneur du château,
 Et ce goût si noble, si beau,
D'une fête si prompte & si bien entenduë.

MORILLO.

Eh bien donc, notre tante approuve mon cadeau.

LEONOR.

Il me paraît brillant, fort heureux & nouveau.

C 2   Mo-

MORILLO.

La porte était gardée avec de beaux gens-d'armes;
Eh, eh, l'on n'eſt pas neuf dans le métier des armes.

CONSTANCE.

C'eſt magnifiquement recevoir nos adieux;
Toûjours le ſouvenir m'en fera précieux.

MORILLO.

Je le crois. Vous pourriez voyager par le monde,
Sans être fêtoyée, ainſi qu'on l'eſt ici :
  Soyez ſage, demeurez-y;
Cette fête, ma foi, n'aura pas ſa ſeconde,
Vous chommerez ailleurs. Quand je vous parle ainſi,
C'eſt pour votre ſeul bien ; car pour moi, je vous jure,
Que ſi vous décampez, de bon cœur je l'endure,
Et quand il vous plaira, vous pourrez nous quitter.

CONSTANCE.

De cette offre polie il nous faut profiter;
Par cet autre côté, permettez que je ſorte.

LEONOR.

On nous arrête encor à la ſeconde porte?

CONSTANCE.

Que vois-je! quels objets! quels ſpectacles charmans!

LEONOR.

Ma niéce, c'eſt ici le pays des romans.

(*Il ſort de cette ſeconde porte une troupe de danſeurs & de danſeuſes avec des tambours de baſque & des tambourins.*)
(*Après cette entrée, Léonor ſe trouve à côté de Morillo, & lui dit :*)

Qui ſont donc ces gens-ci?

  MORILLO *au Duc de Foix.*
    C'eſt à toi de leur dire

Ce que je ne sais point.
LE DUC DE FOIX *à la Princesse de Navarre.*
Ce sont des gens savans,
Qui dans le ciel tout courant savent lire,
Des Mages d'autrefois illustres descendans,
A qui fut réservé le grand art de prédire.
(*Les astrologues Arabes qui étaient restés sous le portique pendant la danse, s'avancent sur le théâtre, & tous les acteurs de la comédie se rangent pour les écouter.*)

UNE DEVINERESSE *chante.*
Nous enchaînons le tems, le plaisir suit nos pas ;
Nous portons dans les cœurs la flatteuse espérance ;
Nous leur donnons la jouïssance
Des biens même qu'ils n'ont pas ;
Le présent fuit, il nous entraîne,
Le passé n'est plus rien.
Charme de l'avenir, vous êtes le seul bien
Qui reste à la faiblesse humaine.
Nous enchaînons le tems, &c.

(*On danse.*)

UN ASTROLOGUE.
L'astre éclatant & doux de la fille de l'onde,
Qui devance ou qui suit le jour,
Pour vous recommençait son tour.
Mars a voulu s'unir pour le bonheur du monde
A la planète de l'Amour.
Mais quand les faveurs célestes
Sur nos jours précieux allaient se rassembler,
Des Dieux inhumains & funestes
Se plaisent à les troubler.

UN ASTROLOGUE *alternativement avec le Chœur.*

Dieux ennemis, Dieux impitoyables,
>Soyez confondus :
>Dieux fecourables,
>Tendre Vénus,
Soyez à jamais favorables.

CONSTANCE.

Ces aftrologues me paraiffent
Plus inftruits du paffé que du fombre avenir ;
>Dans mon ignorance ils me laiffent ;
Comme moi fur mes maux, ils femblent s'attendrir ;
Ils forment comme moi des fouhaits inutiles,
>Et des efpérances ftériles,
Sans rien prévoir, & fans rien prévenir.

LE DUC DE FOIX.

Peut-être ils prédiront ce que vous devez faire ;
Des fecrets de nos cœurs ils percent le myftère.

UNE DEVINERESSE *s'approche de la Princeffe & chante.*

Vous excitez la plus fincère ardeur,
>Et vous ne fentez que la haine ;
>Pour punir votre ame inhumaine
Un ennemi doit toucher votre cœur.

(*Enfuite s'avançant vers Sanchette.*)

Et vous, jeune beauté que l'amour veut conduire,
>L'amour doit vous inftruire,
>Suivez fes douces loix.
>Votre cœur eft né tendre ;
Aimez, mais en faifant un choix,
>Gardez de vous méprendre.

SAN-

SANCHETTE.

Ah l'on s'adresse à moi, la fête était pour nous,
J'attendais, j'éprouvais des transports si jaloux.

UN DEVIN ET UNE DEVINERESSE *s'adressant à Sanchette.*

En mariage
Un sort heureux,
Est un rare avantage;
Ses plus doux feux
Sont un long esclavage.

Du mariage
Formez les nœuds;
Mais ils sont dangereux.
L'amour heureux
Est trop volage.

Du mariage
Craignez les nœuds,
Ils sont trop dangereux.

SANCHETTE *au Duc de Foix.*

Bon! quels dangers feraient à craindre en mariage?
Moi, je n'en vois aucun; de bon cœur je m'engage:
  Nous nous aimons, tout ira bien.
Puisque nous nous aimons, nous serons fort fidelles;
Donnez-moi bien souvent des fêtes aussi belles,
  Et je ne me plaindrai de rien.

LE DUC DE FOIX.

Hélas! j'en donnerais tous les jours de ma vie,
  Et les fêtes sont ma folie;
Mais je n'espère point faire votre bonheur.

SANCHETTE.

Il est déja tout fait, vous enchantez mon cœur.

(*On danse.*)

(*Les acteurs de la comédie sont rangés sur les aîles; Sanchette veut danser avec le Duc de Foix, qui s'en défend ; Morillo prend la Princesse de Navarre & danse avec elle.*)

GUILLOT *avec un garçon jardinier vient interrompre la danse, dérange tout, prend le Duc de Foix & Morillo par la main, fait des signes en leur parlant bas, & ayant fait cesser la musique, il dit au Duc de Foix,*

Oh ! vous allez bientôt avoir une autre danse ;
Tout est perdu, comptez sur moi.

LE DUC DE FOIX *à Morillo.*

Quelle étrange avanture ! Un Alcade ! Eh pourquoi ?

MORILLO.

Il vient la demander par ordre exprès du Roi.

LE DUC DE FOIX.

De quel Roi ?

MORILLO.

De Don Pedre.

LE DUC DE FOIX.

Allez, le Roi de France
Vous défendra bientôt de cette violence.

LEONOR *à la Princesse.*

Il paraît que sur vous roule la conférence.

MORILLO.

Bon ; mais en attendant qu'allons-nous devenir ?
Quand un Alcade parle, il faut bien obéir.

COMEDIE-BALLET.

LE DUC DE FOIX.

Obéir, moi?

MORILLO.

Sans doute, & que peux-tu prétendre?

LE DUC DE FOIX.

Nous battre contre tous, contre tous la défendre.

MORILLO.

Qui toi te révolter contre un ordre précis,
Emané du Roi même? es-tu de sang rassis?

LE DUC DE FOIX.

Le premier des devoirs est de servir les belles,
Et les Rois ne vont qu'après elles.

MORILLO.

Ce petit parent-là m'a l'air d'un franc vaurien :
Tu feras.... Mais ma foi je ne m'en mêle en rien,
Rebelle à la justice! allons, rentrez Sanchette,
Plus de fête.

(*Morillo pousse Sanchette dans la maison, renvoye la musique & sort avec son monde.*)

SANCHETTE.

Eh quoi donc!

LEONOR.

D'où vient cette retraite,
Ce trouble, cet effroi, ce changement soudain?

CONSTANCE.

Je crains de nouveaux coups de mon triste destin.

LE DUC DE FOIX.

Madame, il est affreux de causer vos allarmes :
Nos divertissemens vont finir par des larmes.
Un cruel.....

CONSTANCE.

Ciel! qu'entens-je? Eh quoi jusqu'en ces lieux

Gaston

LA PRINCESSE DE NAVARRE,

Gaſton pourſuivrait-il ſes projets odieux ?

LEONOR.

Qu'avez-vous dit ?

LE DUC DE FOIX.

Quel nom prononce votre bouche ?
Gaſton de Foix, Madame, a-t-il un cœur farouche ?
Sur la foi de ſon nom, j'oſe vous proteſter,
Qu'ainſi que moi, pour vous, il donnerait ſa vie ;
Mais d'un autre ennemi craignez la barbarie ;
De la part de Don Pedre on vient vous arrêter.

CONSTANCE.

M'arrêter ?

LE DUC DE FOIX.

Un Alcade avec impatience,
Juſqu'en ces lieux ſuivit vos pas.
Il doit venir vous prendre.

CONSTANCE.

Eh ſur quelle apparence,
Sous quel nom, quel prétexte ?

LE DUC DE FOIX.

Il ne vous nomme pas,
Mais il a déſigné vos gens, votre équipage ;
Tout envoyé qu'il eſt d'un ennemi ſauvage,
Il a ſurtout déſigné vos appas.

LEONOR.

Ah, cachons-nous, Madame.

CONSTANCE.

Où ?

LEONOR.

Chez la jardinière,
Chez Guillot.

LE DUC DE FOIX.
Chez Guillot on viendra vous chercher.
La beauté ne peut se cacher.
CONSTANCE.
Fuyons.
LE DUC DE FOIX.
Ne fuyez point.
LEONOR.
Restons donc.
CONSTANCE.
Ciel ! que faire ?
LE DUC DE FOIX.
Si vous restez, si vous fuyez,
Je mourrai partout à vos pieds.
Madame, je n'ai point la coupable imprudence,
D'oser vous demander quelle est votre naissance ?
Soyez Reine ou bergère, il n'importe à mon cœur :
Et le secret que vous m'en faites,
Du soin de vous servir n'affaiblit point l'ardeur ;
Le trône est partout où vous êtes.
Cachez, s'il se peut, vos appas,
Je vais voir en ces lieux si l'on peut vous surprendre,
Et je ne me cacherai pas,
Quand il faudra vous défendre.

SCENE VII.
CONSTANCE, LEONOR.

LEONOR.
ENfin, nous avons un appui,
Le brave Chevalier ! nous viendrait-il de France ?
CONSTANCE.
Il n'eſt point d'Eſpagnol plus généreux que lui.
LEONOR.
J'en eſpère beaucoup, s'il prend votre défenſe.
CONSTANCE.
Mais que peut-il ſeul aujourd'hui
Contre le danger qui me preſſe ?
Le ſort a ſur ma tête épuiſé tous ſes coups.
LEONOR.
Je craindrais le ſort en couroux,
Si vous n'étiez qu'une Princeſſe ;
Mais vous avez, Madame, un partage plus doux.
La nature elle-même a pris votre querelle.
Puiſque vous êtes jeune & belle,
Le monde entier ſera pour vous.

Fin du premier acte.

ACTE II.

SCENE PREMIERE.

SANCHETTE, GUILLOT jardinier.

SANCHETTE.
Arrête, parle-moi, Guillot.

GUILLOT.
Oh, Guillot est pressé.

SANCHETTE.
    Guillot, demeure; un mot;
Que fait notre Alamir?

GUILLOT.
    Oh, rien n'est plus étrange.

SANCHETTE.
Mais que fait-il, di-moi?

GUILLOT.
    Moi, je crois qu'il fait tout,
Libéral comme un Roi, jeune & beau comme un ange.

SANCHETTE.
L'infidelle me pousse à bout.
N'est-il pas au jardin avec cette étrangère?

GUILLOT.
Eh vrayement oui!

SANCHETTE.
    Qu'elle doit me déplaire!

GUIL

GUILLOT.

Eh mon Dieu ! d'où vient ce couroux ?
Vous devez l'aimer au contraire,
Car elle est belle comme vous.

SANCHETTE.

D'où vient qu'on a cessé si-tôt la sérénade ?

GUILLOT.

Je n'en sais rien.

SANCHETTE.

Que veut dire un Alcade ?

GUILLOT.

Je n'en sais rien.

SANCHETTE.

D'où vient que mon père voulait
M'enfermer sous la clef ? d'où vient qu'il s'en allait ?

GUILLOT.

Je n'en sais rien.

SANCHETTE.

D'où vient qu'Alamir est près d'elle ?

GUILLOT.

Eh, je le sais, c'est qu'elle est belle ;
Il lui parle à genoux, tout comme on parle au Roi ;
C'est des respects, des soins, j'en suis tout hors de moi.
Vous en seriez charmée.

SANCHETTE.

Ah, Guillot, le perfide !

GUILLOT.

Adieu ; car on m'attend, on a besoin d'un guide,
Elle veut s'en aller. *(Il sort.)*

SANCHETTE *seule.*

Puisse-t-elle partir,

Et me laisser mon Alamir !
Oh, que je suis honteuse, & dépitée !
Il m'aimait en un jour ; en deux, suis-je quittée ?
Monsieur Hernand m'a dit que c'est là le bon ton.
Je n'en crois rien du tout. Alamir ! quel fripon !
S'il était sot & laid, il me serait fidelle ;
Et ne pouvant trouver de conquête nouvelle,
 Il m'aimerait faute de mieux.
 Comment faut-il faire à mon âge ?
J'ai des amans constans, ils sont tous ennuyeux ;
J'en trouve un seul aimable, & le traître est volage.

SCENE II.

SANCHETTE, L'ALCADE & sa suite.

L'ALCADE.

Mes amis, vous avez un important emploi ;
Elle est dans ces jardins ; ah, la voici, c'est elle ;
Le portrait qu'on m'en fit me semble assez fidelle ;
Voilà son air, sa taille, elle est jeune, elle est belle,
 Remplissons les ordres du Roi.
Soyez prêts à me suivre & faites sentinelle.

UN LIEUTENANT DE L'ALCADE.

Nous vous obéirons, comptez sur notre zèle.

SANCHETTE.

Ah, Messieurs, vous parlez de moi.

L'ALCADE.

Oui, Madame, à vos traits nous savons vous connaître ;
 Votre

Votre air nous dit affez ce que vous devez être.
Nous venons vous prier de venir avec nous ;
La moitié de mes gens marchera devant vous,
L'autre moitié fuivra ; vous ferez tranfportée
Sûrement & fans bruit, & partout refpectée.

SANCHETTE.
Quel étrange propos ! Me tranfporter ! Qui ? moi !
Eh, qui donc êtes-vous ?

L'ALCADE.
     Des officiers du Roi ;
Vous l'offenfez beaucoup d'habiter ces retraites ;
  Monfieur l'Amirante en fecret,
  Sans nous dire qui vous êtes,
  Nous a fait votre portrait.

SANCHETTE.
Mon portrait, dites-vous ?

L'ALCADE.
     Madame, trait pour trait.

SANCHETTE.
Mais je ne connais point ce Monfieur l'Amirante.

L'ALCADE.
Il fait pourtant de vous la peinture vivante.

SANCHETTE.
Mon portrait à la Cour a donc été porté ?

L'ALCADE.
Apparemment.

SANCHETTE.
  Voyez ce que fait la beauté.
Et de la part du Roi vous m'enlevez ?

L'ALCADE.
     Sans doute,
C'eft notre ordre précis, il le faut quoi qu'il coûte.

SAN-

SANCHETTE.
Où m'allez-vous mener ?
L'ALCADE.
A Burgos, à la Cour;
Vous y ferez demain avant la fin du jour.
SANCHETTE.
A la Cour ! mais vraiment ce n'eſt pas me déplaire;
La Cour, j'y confens fort ; mais que dira mon père?
L'ALCADE.
Votre père ? il dira tout ce qu'il lui plaira.
SANCHETTE.
Il doit être charmé de ce voyage-là !
L'ALCADE.
C'eſt un honneur très grand qui ſans doute le flatte.
SANCHETTE.
On m'a dit que la Cour eſt un pays ſi beau !
Hélas ! hors ce jour-ci, la vie en ce château
Fut toûjours ennuyeuſe & platte.
L'ALCADE.
Il faut que dans la Cour votre perſonne éclatte.
SANCHETTE.
Eh, qu'eſt-ce qu'on y fait ?
L'ALCADE.
Mais, du bien & du mal;
On y vit d'eſpérance, on tâche de paraître ;
Près des belles toûjours on a quelque rival,
On en a cent auprès du maître.
SANCHETTE.
Eh, quand je ferai là, je verrai donc le Roi ?
L'ALCADE.
C'eſt lui qui veut vous voir.

Nouv. Mél. V. Part.   D   SAN-

SANCHETTE.

Ah, quel plaisir pour moi !
Ne me trompez - vous point ? Eh quoi, le Roi souhaite
Que je vive à sa Cour ? il veut avoir Sanchette ?
Hélas ! de tout mon cœur, il m'enléve, partons.
Est-il comme Alamir ? quelles sont ses façons ?
Comment en use-t-il, Messieurs, avec les belles ?

L'ALCADE.

Il ne m'appartient pas d'en savoir des nouvelles ;
A ses ordres sacrés, je ne sais qu'obéir.

SANCHETTE.

Vous emmenez sans doute à la Cour Alamir ?

L'ALCADE.

Comment ? quel Alamir ?

SANCHETTE.

L'homme le plus aimable,
Le plus fait pour la Cour, brave, jeune, adorable.

L'ALCADE.

Si c'est un Gentilhomme à vous,
Sans doute, il peut venir, vous êtes la maîtresse.

SANCHETTE.

Un Gentilhomme à moi, plût à Dieu !

L'ALCADE.

Le tems presse,
La nuit vient, les chemins ne sont pas sûrs pour nous.
Partons.

SANCHETTE.

Ah, volontiers.

SCENE

COMEDIE-BALLET.

SCENE III.
MORILLO, SANCHETTE, L'ALCADE, Suite.

MORILLO.

Messieurs, êtes-vous fous ?
Arrêtez donc, qu'allez-vous faire ?
Où menez-vous ma fille ?

SANCHETTE.

A la Cour, mon cher père.

MORILLO.

Elle est folle ; arrêtez, c'est ma fille.

L'ALCADE.

Comment ?
Ce n'est pas cette Dame, à qui je....

MORILLO.

Non vraiment,
C'est ma fille, & je suis Don Morillo son père ;
Jamais on ne l'enlévera.

SANCHETTE.

Quoi, jamais !

MORILLO.

Emmenez, s'il le faut, l'étrangère ;
Mais ma fille me restera.

SANCHETTE.

Elle aura donc sur moi toûjours la préférence ?
C'est elle qu'on enléve !

MORILLO.

Allez en diligence.

SANCHETTE.
L'heureuse créature ! on l'emmène à la Cour :
Hélas ! quand sera-ce mon tour ?
MORILLO.
Vous voyez que du Roi la volonté sacrée
Est chez Don Morillo comme il faut revérée ;
Vous en rendrez compte.
L'ALCADE.
Oui, fiez-vous à nos soins.
SANCHETTE.
Messieurs, ne prenez qu'elle au moins.

―――――――――――――――――

SCENE IV.

MORILLO, SANCHETTE.

MORILLO.
JE suis saisi de crainte ; ah ! l'affaire est fâcheuse.
SANCHETTE.
Eh, qu'ai-je à craindre moi ?
MORILLO.
La chose est sérieuse,
C'est affaire d'Etat, vois-tu, que tout ceci.
SANCHETTE.
Comment d'Etat ?
MORILLO.
Eh, oui, j'apprends que près d'ici
Tous les Français sont en campagne
Pour donner un maître à l'Espagne.
SANCHETTE.
Qu'est-ce que cela fait ?

COMEDIE=BALLET.

MORILLO.

On dit qu'en ce canton
Alamir est leur espion.
Cette Dame est errante, & chez moi se déguise ;
Elle a tout l'air d'être comprise
Dans quelque conspiration ;
Et si tu veux que je le dise,
Tout cela sent la pendaison.
J'ai fait une grosse sotise,
De faire entrer dans ma maison
Cette Dame en ce tems de crise
Et cet agréable fripon,
Qui me joue, & qui la courtise :
Je veux qu'il parte tout de bon,
Et qu'ailleurs il s'impatronise.

SANCHETTE.
Lui, mon père, ce beau garçon ?

MORILLO.
Lui-même, il peut ailleurs donner la sérénade.

SCENE V.

MORILLO, SANCHETTE, GUILLOT.

GUILLOT *tout essouflé.*
Au secours, au secours, ah, quelle étrange aubade !

MORILLO.
Quoi donc ?

SANCHETTE.
Qu'a-t-il donc fait ?

GUILLOT.
Dans ces jardins là-bas...

MORILLO.
Eh bien !

GUILLOT.
Cet Alamir, & ce Monsieur l'Alcade,
Les gens d'Alamir, des soldats,
Ayant du fer partout, en tête, au dos, aux bras,
L'étrangère enlevée au milieu des gens-d'armes,
Et le brave Alamir tout brillant sous les armes,
Qui la reprend soudain, & fait tomber à bas,
Tout alentour de lui, nez, mentons, jambes, bras ;
Et la belle étrangere en larmes,
Des chevaux renversés, & des maîtres dessous,
Et des valets dessus, des jambes fracassées,
Des vainqueurs, des fuyards, des cris, du sang, des coups,
Des lances à la fois, & des têtes cassées,
Et la tante, & ma femme, & ma fille, avec moi ;
C'est horrible à penser, je suis tout mort d'effroi.

SANCHETTE.
Eh, n'est-il point blessé ?

GUILLOT.
C'est lui qui blesse & tuë,
C'est un héros, un diable.

MORILLO.
Ah, quelle étrange issuë !
Quel maudit Alamir ! quel enragé, quel fou !
S'attaquer à son maître, & hazarder son cou !
Et le mien, qui pis est ! Ah, le maudit esclandre !
Qu'allons-nous devenir ? Le plus grand châtiment
Sera le digne fruit de cet emportement ;

Et

COMÉDIE-BALLET.

Et moi bien fot auſſi de vouloir entreprendre
De retenir chez moi cette fière beauté :
    Voilà ce qu'il m'en a coûté.
Aſſemblons nos parens, allons chez votre mère,
Et tâchons d'aſſoupir cette effroyable affaire.

SANCHETTE *en s'en allant.*

Ah, Guillot! pren bien ſoin de ce jeune officier;
Il a tort, en effet, mais il eſt bien aimable,
Il eſt ſi brave!

SCENE VI.

GUILLOT *ſeul.*

Ah, oui, c'eſt un homme admirable!
On ne peut mieux ſe battre, on ne peut mieux payer.
Que j'aime les héros, quand ils ſont de l'eſpèce
    De cet amoureux Chevalier!
J'ai vû ça tout d'un coup. La Dame a ſa tendreſſe.
    J'aime à voir un jeune guerrier,
Bien payer ſes amis, bien ſervir ſa maîtreſſe,
C'eſt comme il faut me plaire.

SCENE VII.
CONSTANCE, LEONOR, GUILLOT.

CONSTANCE.

Où me réfugier ?
Hélas ! qu'est devenu ce guerrier intrépide,
Dont l'ame généreuse & la valeur rapide
Etalent tant d'exploits avec tant de vertu ?
Comme il me défendait ! comme il a combattu !
L'aurais-tu vû ? répon.

GUILLOT.

J'ai vû, je n'ai rien vû,
Je ne vois rien encor. Une semblable fête
Trouble terriblement les yeux.

LEONOR.

Eh, va donc t'informer.

GUILLOT.

Où, Madame ?

CONSTANCE.

En tous lieux.
Va, vole, répon donc : que fait-il ? cours, arrête ;
Aurait-il succombé ? Que ne puis-je à mon tour
Défendre ce héros & lui sauver le jour !

LEONOR.

Hélas ! plus que jamais le danger est extrême ;
Le nombre était trop grand.

GUILLOT.

Contre un, ils étaient dix.

LEO-

LEONOR.

Peut-être qu'on vous cherche, & qu'Alamir est pris.

GUILLOT.

Qui ? lui ! vous vous moquez, il aurait pris lui-même
Tous les Alcades d'un pays.
Allez, croyez sans vous méprendre,
Qu'il sera mort cent fois avant que de se rendre.

CONSTANCE.

Il serait mort ?

LEONOR.

Va donc.

CONSTANCE.

(*il sort.*)   Tâche de t'éclaircir.
Va vite.... Il serait mort !

LEONOR.

Je vous en vois frémir ;
Il le mérite bien, votre ame est attendrie ;
Mais, sur quoi jugez-vous qu'il ait perdu la vie ?

CONSTANCE.

S'il vivait, Léonor, il serait près de moi.
De l'honneur qui le guide, il connaît trop la loi.
Sa main pour me servir par le ciel réservée,
M'abandonnerait-elle après m'avoir sauvée ?
Non, je crois qu'en tout tems il serait mon appui.
Puisqu'il ne paraît pas je dois trembler pour lui.

LEONOR.

Tremblez aussi pour vous, car tout vous est contraire.
En vain partout vous savez plaire,
Par-tout on vous poursuit, on menace vos jours ;
Chacun craint ici pour sa tête.
Le maître du château qui vous donne une fête,

N'ose

N'ose vous donner du secours.
Alamir seul vous sert ; le reste vous opprime.
CONSTANCE.
Que devient Alamir ? & quel sera mon sort ?
LEONOR.
Songez au votre, hélas ! quel transport vous anime !
CONSTANCE.
Léonor, ce n'est point un aveugle transport,
 C'est un sentiment légitime,
Ce qu'il a fait pour moi.

SCENE VIII.
CONSTANCE, LEONOR, ALAMIR.
ALAMIR.
J'Ai fait ce que j'ai dû.
J'exécutais votre ordre, & vous avez vaincu.
CONSTANCE.
Vous n'êtes point blessé ?
ALAMIR.
Le ciel, ce ciel propice,
De votre cause en tout seconda la justice.
Puisse un jour cette main, par de plus heureux coups,
De tous vos ennemis vous faire un sacrifice !
Mais un de vos regards doit les désarmer tous.
CONSTANCE.
Hélas ! du sort encor je ressens le couroux ;
De vous récompenser il m'ôte la puissance.
Je ne puis qu'admirer cet excès de vaillance.

ALA=

COMEDIE-BALLET.

ALAMIR.

Non, c'est moi qui vous dois de la reconnaissance.
Vos yeux me regardaient, je combattais pour vous,
Quelle plus belle récompense !

CONSTANCE.

Ce que j'entens, ce que je vois,
Votre sort & le mien, vos discours, vos exploits,
Tout étonne mon ame ; elle en est confondue.
Quel destin nous rassemble, & par quel noble effort,
Par quelle grandeur d'ame en ces lieux peu connue,
Pour ma seule défense affrontiez-vous la mort ?

LE DUC DE FOIX.

Et n'est-ce pas assez que de vous avoir vûë ?

CONSTANCE.

Quoi, vous ne connaissez ni mon nom, ni mon sort,
Ni mes malheurs, ni ma naissance ?

LE DUC DE FOIX.

Tout cela dans mon cœur eût-il été plus fort
Qu'un moment de votre présence ?

CONSTANCE.

Alamir, je vous dois ma juste confiance,
Après des services si grands.
Je suis fille des Rois & du sang de Navarre ;
Mon sort est cruel & bizarre.
Je fuyais ici deux tyrans :
Mais vous de qui le bras protège l'innocence,
A votre tour daignez vous découvrir.

ALAMIR.

Le sort juste une fois me fit pour vous servir,
Et ce bonheur me tient lieu de naissance :

Quoi

Quoi puis-je encor vous secourir ?
Quels sont ces deux tyrans de qui la violence
Vous persécutait à la fois ?
Don Pedre est le premier ? Je brave sa vengeance.
Mais l'autre quel est-il ?

CONSTANCE.

L'autre est le Duc de Foix.

LE DUC DE FOIX.

Ce Duc de Foix qu'on dit & si juste, & si tendre !
Eh que pourrai-je contre lui ?

CONSTANCE.

Alamir, contre tous vous serez mon appui ;
Il cherche à m'enlever.

LE DUC DE FOIX.

Il cherche à vous défendre ;
On le dit, il le doit, & tout le prouve assez.

CONSTANCE.

Alamir ! Et c'est vous ! c'est vous qui l'excusez !

ALAMIR.

Non, je dois le haïr si vous le haïssez.
Vous étant odieux, il doit l'être à lui-même ;
Mais comment condamner un mortel qui vous aime ?
On dit que la vertu l'a pû seule enflammer ;
S'il est ainsi, grand Dieu, comme il doit vous aimer !
On dit que devant vous il tremble de paraître,
Que ses jours aux remords sont tous sacrifiés ;
On dit qu'enfin si vous le connaissiez,
Vous lui pardonneriez peut-être.

CONSTANCE.

C'est vous seul que je veux connaître,
Parlez-moi de vous seul, ne trompez plus mes vœux.

COMEDIE-BALLET.

LE DUC DE FOIX.
Ah daignez épargner un soldat malheureux;
Ce que je suis dément ce que je peux paraître.

CONSTANCE.
Vous êtes un héros, & vous le paraissez.

LE DUC DE FOIX.
Mon sang me fait rougir. Il me condamne assez.

CONSTANCE.
Si votre sang est d'une source obscure,
Il est noble par vos vertus,
Et des destins j'effacerai l'injure.
Si vous êtes sorti d'une source plus pure,
Je..... Mais vous êtes Prince, & je n'en doute plus;
Je n'en veux que l'aveu, le reste me l'assure,
Parlez.

LE DUC DE FOIX.
J'obéis à vos loix;
Je voudrais être Prince, alors que je vous vois.
Je suis un cavalier.

SCENE IX.

CONSTANCE, LE DUC DE FOIX, LEONOR, SANCHETTE.

SANCHETTE.
Vous? Vous êtes un traître;
Vous n'échapperez pas, & je prétens connaître
Pour qui la fête était, qui vous trompiez des deux.

LE

LE DUC DE FOIX.

Je n'ai trompé perſonne, & ſi je fais des vœux,
Ces vœux ſont trop cachés, & tremblent de paraître.
Ne jugez point de moi par ces frivoles jeux.
  Une fête eſt un hommage,
Que la galanterie, ou bien la vanité,
  Sans en prendre aucun avantage,
  Quelquefois donne à la beauté.
Si j'aimais, ſi j'oſais m'abandonner aux flammes
De cette paſſion, vertu des grandes ames,
J'aimerais conſtamment ſans eſpoir de retour;
  Je mêlerais dans le ſilence
Les plus profonds reſpects au plus ardent amour;
J'aimerais un objet d'une illuſtre naiſſance.

SANCHETTE à part.

Mon père eſt bon Baron.

LE DUC DE FOIX.
  Un objet ingénu.

SANCHETTE.

Je la ſuis fort.

LE DUC DE FOIX.
  Doux, fier, éclairé, retenu,
Qui joindrait ſans effort l'eſprit & l'innocence.

SANCHETTE à part.

Eſt-ce moi?

LE DUC DE FOIX.
  J'aimerais certain air de grandeur,
Qui produit le reſpect ſans inſpirer la crainte,
La beauté ſans orgueil, la vertu ſans contrainte,
L'auguſte majeſté ſur le viſage empreinte,
  Sous les voiles de la douceur.

SANCHETTE.

De la majesté ! moi !
LE DUC DE FOIX.
Si j'écoutais mon cœur,
Si j'aimais, j'aimerais avec délicatesse,
Mais en brûlant avec transport :
Et je cacherais ma tendresse,
Comme je dois cacher mes malheurs & mon sort.
LEONOR.
Eh bien, connaissez-vous la personne qu'il aime ?
CONSTANCE à Léonor.
Je ne me connais pas moi-même,
Mon cœur est trop ému pour oser vous parler.

SCENE X.

MORILLO & les personnages précédens.

MORILLO.
Hélas tout cela fait trembler :
Ta mère en va mourir, que deviendra ma fille ?
L'enfer est déchaîné, mon château, ma famille,
Mon bien, tout est pillé, tout est à l'abandon ;
Le Duc de Foix a fait investir ma maison.

CONSTANCE.
Le Duc de Foix ? Qu'entens-je ? O ciel, ta tyrannie
Veut encor par ses mains persécuter ma vie !

MORILLO.
Bon ce n'est-là que la moindre partie
De ce qu'il nous faut essuyer.

Un

Un certain Du Guesclin, brigand de son métier,
Turc de Religion, & Breton d'origine,
Avec ses spadassins, devers Burgos chemine.
Ce traître Duc de Foix vient de s'associer
   Avec toute cette racaille.
Contre eux, tout près d'ici, le Roi va guerroyer,
   Et nous allons avoir bataille.

CONSTANCE.

Ainsi donc à mon sort je n'ai pû résister;
   Son inévitable poursuite
   Dans le piége me précipite,
Par les mêmes chemins choisis pour l'éviter.
Toûjours le Duc de Foix! Sa funeste tendresse
Est pire que la haine; il me poursuit sans cesse.

MORILLO.

C'est bien moi qu'il poursuit, si vous le trouvez bon;
Serait-ce donc pour vous que je suis au pillage?
   On fera sauter ma maison.
Est-ce vous qui causez tout ce maudit ravage?
Quelle personne étrange êtes-vous, s'il vous plaît,
   Pour que les Rois & les Princes
   Prennent à vous tant d'intérêt,
Et qu'on coure après vous au fond de nos provinces?

CONSTANCE.

Je suis infortunée, & c'est assez pour vous,
Si vous avez un cœur.

SCENE

SCENE XI.

Les acteurs précédens, un OFFICIER du Duc de Foix, Suite.

L'OFFICIER.

Voyez à vos genoux,
Madame, un envoyé du Duc de Foix mon maître ;
De sa part je mets en vos mains
Cette place, où lui-même il n'oserait paraître :
En son nom je viens reconnaître
Vos commandemens souverains.
Mes soldats sous vos loix vont, avec allégresse,
Vous suivre, ou vous garder, ou sortir de ces lieux ;
Et quand le Duc de Foix combat pour vos beaux yeux,
Nous répondons ici des jours de votre Altesse.

MORILLO.
Son Altesse ! Eh bon Dieu, quoi Madame est Princesse ?

L'OFFICIER.
Princesse de Navarre, & suprême maîtresse
De vos jours & des miens, & de votre maison.

CONSTANCE.
Je suis hors de moi-même.

MORILLO.
    Ah, Madame, pardon,
Je me jette à vos pieds.

LEONOR.
    Vous voilà reconnuë.

MORILLO.
De mes desseins coquets la singulière issuë !
SANCHETTE.
Quoi, vous êtes Princesse, & faite comme nous !
L'OFFICIER.
Nous attendons ici vos ordres à genoux.
CONSTANCE.
Je rens grace à vos soins, mais ils sont inutiles ;
 Je ne crains rien dans ces aziles ;
Alamir est ici ; contre mes oppresseurs
Je n'aurai pas besoin de nouveaux défenseurs.
L'OFFICIER.
Alamir ! de ce nom je n'ai point connaissance ;
Mais je respecte en lui l'honneur de votre choix ;
 S'il combat pour votre défense,
Nous serons trop heureux de servir sous ses loix ;
Je vous ramène aussi vos compagnes fidèles,
Vos premiers officiers, vos dames du palais,
Echappés aux tyrans, ils nous suivent de près.
LEONOR.
 Ah ! les agréables nouvelles !
CONSTANCE.
Ciel ! qu'est-ce que je vois ?

LES TROIS GRACES *& une troupe d'Amours &*
* de Plaisirs paraissent sur la scène.*

LEONOR.
   Les Graces, les Amours !

LE DUC DE FOIX.
Ainsi Gaston de Foix veut vous servir toûjours.

 On danse.

       SAN-

SANCHETTE *au Duc de Foix*,
(*Interrompant la danse.*)
Ce sont donc là ses domestiques ?
Que les Grands sont heureux, & qu'ils sont magnifiques!
Quoi de toute Princesse est-ce là la maison ?
Ah ! que j'en sois, je vous conjure :
Quel cortège ! quel train !

LE DUC DE FOIX.
Ce cortège est un don
Qui vient des mains de la nature;
Toute femme y prétend.

SANCHETTE.
Puis-je y prétendre aussi ?

LE DUC DE FOIX.
Oui sans doute, avec vous les Graces sont ici;
Les Graces suivent la jeunesse,
Et vous les partagez avec cette Princesse.

SANCHETTE.
Il le faut avouer, on n'a point de parent
Plus agréable & plus galant.
Venez que je vous parle ; expliquez-moi de grace
Ce qu'est un Duc de Foix, & tout ce qui se passe :
Restez auprès de moi, contez-moi tout cela,
Et parlez-moi toûjours, pendant qu'on dansera.
(*Elle s'assied auprès du Duc de Foix.*)
(*On danse.*)

LES TROIS GRACES *chantent.*
La nature en vous formant,
Près de vous nous fit naître ;
Loin de vos yeux nous ne pouvions paraître :

Nous vous fervons fidélement :
Mais le charmant Amour eft notre premier maître.
(*On danfe.*)

UNE DES GRACES.
Vents furieux, triftes tempêtes,
Fuyez de nos climats :
Beaux jours, levez-vous fur nos têtes,
Fleurs, naiffez fur nos pas.
(*On danfe.*)
Eco, voix errante,
Légère habitante
De ce féjour,
Eco, fille de l'Amour,
Doux roffignol, bois épais, onde pure,
Répétez avec moi ce que dit la nature :
Il faut aimer à fon tour.
(*On danfe.*)

UN PLAISIR.
(*Paroles fur un menuet.*)
(*Premier couplet.*)
Non, le plus grand empire
Ne peut remplir un cœur :
Charmant vainqueur,
Dieu féducteur,
C'eft ton délire,
Qui fait le bonheur.
(*On danfe.*)

UNE BERGERE.	UN BERGER.
J'aime, & je crains ma flamme.	Ah le refus, la feinte,
Je crains le repentir.	Ont des charmes puiffans ;
Ten-	Defirs

Tendre defir, | Defirs naiffans,
Premier plaifir, | Combats charmans,
Dieu de mon ame, | Tendre contrainte,
Fai-moi moins gémir. | Tout fert les amans.

(*On danfe.*)

UN AMOUR *alternativement avec le Chœur.*

Divinité de cet heureux féjour,
   Triomphe & fai grace,
   Pardonne à l'audace,
   Pardonne à l'amour.
  (*On danfe.*)

LE MEME AMOUR.

  Toi feule es caufe
  De ce qu'il ofe;
Toi feule allumas fes feux.
 Quel crime eft plus pardonnable?
 C'eft celui de tes beaux yeux,
En les voyant tout mortel eft coupable.

LE CHŒUR.

Divinité de cet heureux féjour,
   Triomphe & fai grace,
   Pardonne à l'audace;
   Pardonne à l'amour.

CONSTANCE.

On pardonne à l'amour, & non pas à l'audace.
Un téméraire amant, ennemi de ma race,
  Ne pourra m'appaifer jamais.

LE DUC DE FOIX.

Je connais fon malheur, & fans doute il l'accable;
 Mais ferez-vous toûjours inexorable?

CONSTANCE.

Alamir, je vous le promets.

LE DUC DE FOIX.

On ne fuit point fa deftinée :
Les Devins ont prédit à votre ame étonnée,
Qu'un jour votre ennemi ferait votre vainqueur.

CONSTANCE.

Les Devins fe trompaient, fiez-vous à mon cœur.

LE CHŒUR *chante.*

On diffère vainement ;
Le fort nous entraîne,
L'amour nous amène
Au fatal moment.

(*Trompettes & timbales.*)

CONSTANCE.

Mais d'où partent ces cris, ces fons, ce bruit de guerre ?

HERNAND *arrivant avec précipitation.*

On marche, & les Français précipitent leurs pas,
Ils n'attendent perfonne.

LE DUC DE FOIX.

Ils ne m'attendront pas ;
Et je vole avec eux.

CONSTANCE.

Les jeux & les combats
Tour à tour aujourd'hui partagent-ils la terre ?
Où fuyez-vous, où portez-vous vos pas ?

LE DUC DE FOIX.

Je fers fous les Français, & mon devoir m'appelle ;
Ils combattent pour vous ; jugez s'il m'eft permis
De refter un moment loin d'un peuple fidelle,

Qui

Qui vient vous délivrer de tous vos ennemis.
(Il sort.)

CONSTANCE à Léonor.

Ah Léonor ! cachons un trouble si funeste.
La liberté des pleurs est tout ce qui me reste.
(Elles sortent.)

SANCHETTE.

Sans ce brave Alamir que devenir hélas !

MORILLO.

Que d'avantures, quels fracas !
Quels démons en un jour assemblent des Alcades,
Des Alamir, des sérénades,
Des Princesses & des combats !

SANCHETTE.

Vouz allez donc aussi servir cette Princesse ?
Vous suivrez Alamir, vous combattrez.

MORILLO.

Qui, moi ?
Quelque sot ! Dieu m'en garde.

SANCHETTE.

Et pourquoi non ?

MORILLO.

Pourquoi ?
C'est que j'ai beaucoup de sagesse.
Deux Rois s'en vont combattre à cinq cent pas d'ici,
Ce sont des affaires fort belles,
Mais ils pourront sans moi terminer leurs querelles,
Et je ne prens point de parti.

Fin du second acte.

ACTE III.

SCENE PREMIERE.

CONSTANCE, LEONOR, HERNAND.

LEONOR.
Quel est notre destin ?
HERNAND.
Délivrance & victoire.
CONSTANCE.
Quoi, Don Pedre est défait ?
HERNAND.
Oui, rien ne peut tenir
Contre un peuple né pour la gloire,
Pour vaincre, & pour vous obéir.
On poursuit les fuyards.
CONSTANCE.
Et le brave Alamir ?
HERNAND.
Madame, on doit à sa personne
La moitié du succès que ce grand jour nous donne :
Invincible aux combats, comme avec vous soumis,
Il vole à la mêlée aussi-bien qu'aux aubades ;
Il a traité nos ennemis,
Comme il a traité les Alcades.
Il est en ce moment avec le Duc de Foix,
Dont nos soldats charmés célèbrent les exploits ;
Mais il pense à vous seule, & pénétré de joye,

A vos pieds Alamir m'envoye,
Et je sens, comme lui, les transports les plus doux,
Qu'il ait deux fois vaincu pour vous.
CONSTANCE.
Je veux absolument savoir de votre bouche....
HERNAND.
Et quoi, Madame?
CONSTANCE.
Un secret qui me touche;
Je veux savoir quel est ce généreux guerrier.
HERNAND.
Puis-je parler, Madame, avec quelque assurance?
CONSTANCE.
Ah, parlez; est-ce à lui de cacher sa naissance?
Qu'est-il? Répondez-moi.
HERNAND.
C'est un brave officier,
Dont l'ame est assez peu commune,
Elle est au-dessus de son rang;
Comme tant de Français, il prodigue son sang,
Il se ruïne enfin pour faire sa fortune.
LEONOR.
Il la fera sans doute.
CONSTANCE.
Eh, quel est son projet?
HERNAND.
D'être toûjours votre sujet;
D'aller à votre cour, d'y servir avec zèle,
De combattre pour vous, de vivre & de mourir,
De vous voir, de vous obéir,
Toûjours généreux & fidelle;

Ap-

Appartenir à vous, eſt tout ce qu'il prétend.
CONSTANCE.
Ah, le ciel lui devait un ſort plus éclatant !
Rien qu'un ſimple officier ! mais dans cette occurrence,
Quel parti prend le Duc de Foix ?

HERNAND.
Votre parti, le parti de la France,
Le parti du meilleur des Rois.

CONSTANCE.
Que n'oſera-t-il point ? que va-t-il entreprendre ?
Où va-t-il ?

HERNAND.
A Burgos il doit bientôt ſe rendre.
Je cours vers Alamir ; ne lui pourrai-je apprendre
Si mon meſſage eſt bien reçû ?

CONSTANCE.
Allez ; & dites-lui que le cœur de Conſtance
S'intéreſſe à tant de vertu,
Plus encor qu'à ma délivrance.

SCENE II.

CONSTANCE, LEONOR.

CONSTANCE.
Rien qu'un ſimple officier ?
LEONOR.
Tout le monde le dit.
CONSTANCE.
Mon cœur ne peut le croire, & mon front en rougit.

LEONOR.

J'ignore de quel sang le destin l'a fait naître,
Mais on est ce qu'on veut avec un si grand cœur.
C'est à lui de choisir le nom dont il veut être,
    Il lui fera beaucoup d'honneur.

CONSTANCE.

    Que de vertu ! que de grandeur !
Combien sa modestie illustre sa valeur !

LEONOR.

C'est peu d'être modeste, il faut avoir encore
    De quoi pouvoir ne l'être pas.
Mais ce héros a tout, courage, esprit, appas ;
S'il a quelques défauts, pour moi je les ignore,
    Et vos yeux ne les verraient pas.
J'ai vû quelques héros assez insupportables ;
    Et l'homme le plus vertueux,
    Peut être le plus ennuyeux ;
Mais comment résister à des vertus aimables ?

CONSTANCE.

    Alamir fera mon malheur.
Je lui dois trop d'estime & de reconnaissance.

LEONOR.

Déja dans votre cœur il a sa récompense,
    J'en crois assez votre rougeur ;
C'est de nos sentimens le premier témoignage.

CONSTANCE.

C'est l'interprète de l'honneur.
Cet honneur attaqué dans le fond de mon cœur,
    S'en indigne sur mon visage.
O ciel ! que devenir, s'il était mon vainqueur !
    Je le crains, je me crains moi-même,

                              Je

Je tremble de l'aimer, & je ne fais s'il m'aime.
LEONOR.
Il voit que votre orgueil ferait trop offenfé
Par ce mot dangereux, fi charmant & fi tendre ;
    Il ne vous l'a pas prononcé,
    Mais qu'il fait bien le faire entendre !
CONSTANCE.
Ah ! fon refpect encor eft un charme de plus.
Alamir ! Alamir a toutes les vertus.
LEONOR.
Que lui manque-t-il donc ?
CONSTANCE.
                Le hazard, la naiffance.
Quelle injuftice ! ô ciel ! ... mais fa magnificence,
Ces fêtes, cet éclat, fes étonnans exploits,
Ce grand air, fes difcours, fon ton même, fa voix...,
LEONOR.
Ajoutez-y l'amour, qui parle en fa défenfe.
    Sans doute il eft du fang des Rois.
CONSTANCE.
    Tout me le dit, & je le crois.
Son amour délicat voulait que je rendiffe,
A tant de grandeur d'ame, à ce rare fervice,
Ce qu'ailleurs on immole à fon ambition.
Ah ! fi pour m'éprouver, il m'a caché fon nom,
    S'il n'a jamais d'autre artifice,
S'il eft Prince, s'il m'aime ! ... O ciel ! que me veut-on ?

SCENE

SCENE III.

CONSTANCE, LEONOR, SANCHETTE.

SANCHETTE.

Madame, à vos genoux, souffrez que je me jette;
Madame, protégez Sanchette;
Je vous ai mal connue, & pourtant malgré moi,
Je sentais du respect, sans savoir bien pourquoi.
Vous voilà, je crois, Reine; il faut à tout le monde
Faire du bien à tout moment,
A commencer par moi.

CONSTANCE.

Si le sort me seconde,
C'est mon projet, du moins.

LEONOR.

Eh bien, ma belle enfant,
Madame a des bontés; quel bien faut-il vous faire?

SANCHETTE.

On dit le Duc de Foix vainqueur;
Mais je prens peu de part au destin de la guerre;
Tout cela m'épouvante, & ne m'importe guère;
J'aime, & c'est tout pour moi.

CONSTANCE.

Votre aimable candeur
M'intéresse pour vous; parlez, soyez sincère.

SANCHETTE.

Ah, je suis de très bonne foi.
J'aime Alamir, Madame, & j'avais sû lui plaire;
Il devait parler à mon père;

Il est de mes parens ; il vint ici pour moi.
    CONSTANCE *se tournant vers Léonor.*
Son parent, Léonor !
      SANCHETTE.
       En écoutant ma plainte,
D'un profond déplaisir votre ame semble atteinte !
      CONSTANCE.
Il l'aimait !
      SANCHETTE.
  Votre cœur paraît bien agité !
      CONSTANCE.
Je vous ai donc perdue, illusion flatteuse !
      SANCHETTE.
Peut-on se voir Princesse, & n'être pas heureuse ?
      CONSTANCE.
  Hélas ! votre simplicité
Croit que dans la grandeur est la félicité ;
Vous vous trompez beaucoup; ce jour doit vous apprendre
Que dans tous les états, il est des malheureux.
Vous ne connaissez pas mes destins rigoureux.
Au bonheur, croyez-moi, c'est à vous de prétendre.
Mon cœur, de ce grand jour, est encor effrayé.
Le ciel me conduisit de disgrace en disgrace,
  Mon sort peut-il être envié ?
      SANCHETTE.
  Votre Altesse me fait pitié ;
  Mais je voudrais être à sa place.
Il ne tiendrait qu'à vous de finir mon tourment.
Alamir est tout fait pour être mon amant.
Je bénis bien le ciel que vous soyez Princesse,
  Il faut un Prince à votre Altesse ;

Un simple gentilhomme est peu pour vos appas.
  Seriez-vous assez rigoureuse,
Pour m'ôter mon amant, en ne le prenant pas ?
  Vous qui semblez si généreuse !
  CONSTANCE *ayant un peu rêvé.*
Allez,... ne craignez rien,... quoi ! le sang vous unit ?

   SANCHETTE.
Oui, Madame.
   CONSTANCE.
  Il vous aime !
   SANCHETTE.
     Oui, d'abord il l'a dit ;
Et d'abord je l'ai cru ; souffrez que je le croye :
Madame, tout mon cœur avec vous se déploye.
Chez Messieurs mes parens je me mourais d'ennui ;
Il faut qu'en l'épousant, pour comble de ma joye,
J'aille dans votre Cour vous servir avec lui.
   CONSTANCE.
Vous ! avec Alamir ?
   SANCHETTE.
     Vous connaissez son zèle,
Madame, qu'avec lui, votre Cour sera belle !
  Quel plaisir de vous y servir !
Ah ! quel charme de voir, & sa Reine, & son Prince !
Un chagrin à la Cour donne plus de plaisir
  Que mille fêtes en province.
Mariez-nous, Madame, & faites-nous partir.
   CONSTANCE.
Étouffe tes soupirs, malheureuse Constance ;
Soyons en tous les tems digne de ma naissance....
Oui, vous l'épouserez.... comptez sur mon appui.
         Au

Au vaillant Alamir je dois ma délivrance ;
Il a tout fait pour moi.... je vous unis à lui ;
  Et vous ferez fa récompenfe.
    SANCHETTE.
Parlez donc à mon père.
    CONSTANCE.
  Oui.
    SANCHETTE.
      Parlez aujourd'hui ;
Tout-à-l'heure.
    CONSTANCE.
  Oui... quel trouble & quel effort extrême !
    SANCHETTE.
Quel excès de bonté ! je tombe à vos genoux,
  Madame, & je ne fais qui j'aime,
Le plus fincerement d'Alamir ou de vous.
  (*Elle fait quelques pas pour s'en aller.*)
    CONSTANCE.
De mon fort ennemi la rigueur eft conftante.
    SANCHETTE *revenant*.
C'eft à condition que vous m'emmenerez.
    CONSTANCE.
C'en eft trop.
    SANCHETTE.
   De nous deux vous ferez fi contente.
 (*à Léonor.*)
Avertiffez-moi, vous, lorfque vous partirez.
    (*En s'en allant.*)
  Que je fuis une heureufe fille !
Qu'on va me refpecter ce foir dans ma famille !

          SCENE

SCENE IV.

CONSTANCE, LEONOR.

CONSTANCE.

A Quels maux différens tous mes jours font livrés !
Léonor, connais-tu ma peine & mon outrage ?

LEONOR.

Je fupportais, Madame, avec tranquillité,
Les perfécutions, le couvent, le voyage ;
  J'effuyais même avec gayeté
  Ces infortunes de paffage.
Vous me faites enfin connaître la douleur ;
Tout le refte n'eft rien près des peines du cœur ;
  Le vrai malheur eft fon ouvrage.

CONSTANCE.

Je fuis accoutumée à dompter le malheur.

LEONOR.

Ainfi par vos bontés, fa parente l'époufe.
  Il méritait d'autres appas.

CONSTANCE.

  Si j'étais fon égale, hélas !
  Que mon ame ferait jaloufe !
Oublions Alamir, fes vertus, fes attraits,
  Ce qu'il eft, ce qu'il devrait être ;
Tout ce qui de mon cœur s'eft prefque rendu maître.
  Non, je ne l'oublirai jamais.

LEONOR.

Vous ne l'oublirez point ! vous le cédez !

Nouv. Mél. V. Part.   E

CONSTANCE.

Sans doute.

LEONOR.

Hélas ! que cet effort vous coûte !
Mais ne serait-il point un effort généreux,
  Non moins grand, beaucoup plus heureux ?
Celui d'être au-dessus de la grandeur suprême ?
Vous pouvez aujourd'hui disposer de vous-même.
Elever un héros, est-ce vous avilir ?
  Est-ce donc par orgueil qu'on aime ?
N'a-t-on que des Rois à choisir ?
Alamir ne l'est pas, mais il est brave & tendre.

CONSTANCE.

Non, le devoir l'emporte, & tel est son pouvoir.

LEONOR.

  Hélas, gardez-vous bien de prendre
  La vanité pour le devoir.
Que résolvez-vous donc ?

CONSTANCE.

    Moi ! d'être au desespoir,
D'obéïr en pleurant à ma gloire importune,
D'éloigner le héros dont je me sens charmer,
De goûter le bonheur de faire sa fortune.
Ne pouvant me livrer au bonheur de l'aimer.

(*On entend derrière le théâtre un bruit de trompettes.*)

CHŒUR.

  Triomphe Victoire,
  L'équité marche devant nous ;
  Le ciel y joint la Gloire,
  L'ennemi tombe sous nos coups.
  Triomphe Victoire.

LEONOR.
Est-ce le Duc de Foix qui prétend par des fêtes,
Vous mettre encor, Madame, au rang de ses conquêtes ?
CONSTANCE.
Ah ! je déteste le parti,
Dont la Victoire a secondé ses armes ;
Quel qu'il soit, Léonor, il est mon ennemi.
Puisse le Duc de Foix auteur de mes allarmes,
Puissent Don Pedre & lui l'un par l'autre périr !
Mais, ô ciel ! conservez mon vengeur Alamir,
Dût-il ne point m'aimer, dût-il causer mes larmes.

SCENE V.

LE DUC DE FOIX, CONSTANCE, LEONOR.

LE DUC DE FOIX.
Madame, les Français ont délivré ces lieux ;
Don Pedre est descendu dans la nuit éternelle.
Gaston de Foix victorieux,
Attend encor une gloire plus belle,
Et demande l'honneur de paraître à vos yeux.
CONSTANCE.
Que dites-vous, & qu'osez-vous m'apprendre ?
Il paraîtrait en des lieux où je suis !
Don Pedre est mort, & mes ennuis
Survivraient encor à sa cendre !
LE DUC DE FOIX.
Gaston de Foix vainqueur en ces lieux va se rendre;
J'ai combattu sous lui ; j'ai vû dans ce grand jour,

Ce que peut le courage, & ce que peut l'amour.
Pour moi, seul malheureux, (si pourtant je peux l'être,
Quand des jours plus sereins pour vous semblent renaître)
Pénétré, plein de vous, jusqu'au dernier soupir,
Je n'ai qu'à m'éloigner, ou plutôt qu'à vous fuir.

CONSTANCE.

Vous partez !

LE DUC DE FOIX.

Je le dois.

CONSTANCE.

Arrêtez, Alamir.

LE DUC DE FOIX.

Madame !

CONSTANCE.

Demeurez, je sais trop quelle vuë
Vous conduisit en ce séjour.

LE DUC DE FOIX.

Quoi, mon ame vous est connuë ?

CONSTANCE.

Oui.

LE DUC DE FOIX.

Vous sauriez ?

CONSTANCE.

Je sais que d'un tendre retour
On peut payer vos vœux. Je sais que l'innocence,
Qui des dehors du monde a peu de connaissance,
Peut plaire & connaître l'amour.
Je sais qui vous aimiez, & même avant ce jour....
Elle est votre parente, & doublement heureuse.
Je ne m'étonne point qu'une ame vertueuse
Ait pû vous chérir à son tour.
Ne partez point, je vais en parler à sa mère.

La

COMEDIE-BALLET.

La doter richement, eſt le moins que je doi ;
Devenant votre épouſe elle me ſera chère ;
Ce que vous aimerez aura des droits ſur moi.
  Dans vos enfans je chérirai leur père ;
Vos parens, vos amis, me tiendront lieu des miens ;
Je les comblerai tous de dignités, de biens.
C'eſt trop peu pour mon cœur, & rien pour vos ſervices.
Je ne ferai jamais d'aſſez grands ſacrifices ;
Après ce que je dois à vos heureux ſecours,
Cherchant à m'acquitter je vous devrai toûjours.

LE DUC DE FOIX.

Je ne m'attendais pas à cette récompenſe.
Madame, ah ! croyez-moi, votre reconnaiſſance
Pourrait me tenir lieu de plus grands châtimens.
Non, vous n'ignorez pas mes ſecrets ſentimens ;
Non, vous n'avez point cru qu'une autre ait pû me plaire.
Vous voulez, je le vois, punir un téméraire ;
Mais laiſſez-le à lui-même, il eſt aſſez puni.
Sur votre renommée, à vous ſeule aſſervi,
Je me crus fortuné pourvû que je vous viſſe ;
Je crus que mon bonheur était dans vos beaux yeux ;
Je vous vis dans Burgos, & ce fut mon ſupplice.
  Oui, c'eſt un châtiment des Dieux,
D'avoir vû de trop près leur chef-d'œuvre adorable :
Le reſte de la terre en eſt inſuportable :
Le ciel eſt ſans clarté, le monde eſt ſans douceurs :
On vit dans l'amertume, on dévore ſes larmes ;
Et l'on eſt malheureux auprès de tant de charmes,
  Sans pouvoir être heureux ailleurs.

CONSTANCE.

Quoi, je ferais la caufe & l'objet de vos peines!
Quoi, cette innocente beauté
Ne vous tenait pas dans fes chaînes!
Vous ofez!

LE DUC DE FOIX.

Cet aveu plein de timidité,
Cet aveu de l'amour le plus involontaire,
Le plus pur à la fois, & le plus emporté,
Le plus refpectueux, le plus fûr de déplaire;
Cet aveu malheureux peut-être a mérité
Plus de pitié que de colère.

CONSTANCE.

Alamir, vous m'aimez!

LE DUC DE FOIX.

Oui, dès longtems ce cœur,
D'un feu toûjours caché brûlait avec fureur;
De ce cœur éperdu voyez toute l'yvreffe;
A peine encor connu par ma faible valeur,
Né fimple cavalier, amant d'une Princeffe,
Jaloux d'un Prince & d'un vainqueur,
Je vois le Duc de Foix amoureux, plein de gloire,
Qui, du grand Du Guefclin compagnon fortuné,
Aux yeux de l'Anglais confterné,
Va vous donner un Roi des mains de la Victoire.
Pour toute récompenfe, il demande à vous voir;
Oubliant fes exploits, n'ofant s'en prévaloir,
Il attend fon arrêt, il l'attend en filence.
Moins il efpère, & plus il femble mériter;
Eft-ce à moi de rien difputer
Contre fon nom, fa gloire, & furtout fa conftance?

CONSTANCE.

A quoi suis-je réduite ! Alamir, écoutez :
Vos malheurs font moins grands que mes calamités ;
Jugez-en ; concevez mon défespoir extrême.
Sachez que mon devoir est de ne voir jamais
   Ni le Duc de Foix, ni vous-même.
Je vous ai déja dit à quel point je le hais,
Je vous dis encor plus ; son crime impardonnable
   Excitait mon juste couroux ;
Ce crime jusqu'ici le fit seul haïssable,
Et je crains à présent de le haïr pour vous.
Après un tel discours, il faut que je vous quitte.

LE DUC DE FOIX.

Non, Madame, arrêtez ; il faut que je mérite
Cet oracle étonnant qui passe mon espoir.
Donner pour vous ma vie, est mon premier devoir ;
Je puis punir encor ce rival redoutable,
Même au milieu des siens je puis percer son flanc,
Et noyer tant de maux dans les flots de son sang ;
J'y cours.

CONSTANCE.

  Ah ! demeurez, quel projet effroyable !
Ah ! respectez vos jours à qui je dois les miens ;
Vos jours me sont plus chers que je ne hais les siens.

LE DUC DE FOIX.

Mais est-il en effet si sûr de votre haine ?

CONSTANCE.

Hélas ! plus je vous vois, plus il m'est odieux.

LE DUC DE FOIX *se jettant à genoux, &*
présentant son épée.

Punissez donc son crime en terminant sa peine,

Et puifqu'il doit mourir, qu'il expire à vos yeux;
Il bénira vos coups; frappez, que cette épée
Par vos divines mains foit dans fon fang trempée,
Dans ce fang malheureux, brûlant pour vos attraits.

CONSTANCE *l'arrêtant*.

Ciel! Alamir, que vois-je, & qu'avez-vous pû dire?
Alamir, mon vengeur, vous par qui je refpire......
Etes-vous celui que je hais?

LE DUC DE FOIX.

Je fuis celui qui vous adore;
Je n'ofe prononcer encore
Ce nom haï longtems, & toûjours dangereux;
Mais parlez, de ce nom faut-il que je jouïffe?
Faudra-t-il qu'avec moi ma mort l'enfeveliffe,
Ou que de tous les noms il foit le plus heureux?
J'attens de mon deftin l'arrêt irrévocable;
Faut-il vivre? faut-il mourir?

CONSTANCE.

Ne vous connaiffant pas je croyais vous haïr;
Votre offenfe à mes yeux femblait inexcufable.
Mon cœur à fon couroux s'était abandonné;
Mais je fens que ce cœur vous aurait pardonné,
S'il avait connu le coupable.

LE DUC DE FOIX.

Quoi! ce jour a donc fait ma gloire & mon bonheur!

CONSTANCE.

De Don Pedre & de moi vous êtes le vainqueur.

SCENE

SCENE VI.

MORILLO, SANCHETTE, HERNAND;
& les acteurs de la scène précédente, Suite.

MORILLO.

ALlons, une Princesse est bonne à quelque chose ;
Puisqu'elle veut te marier,
Et que ton bon cœur s'y dispose,
Je vais au plus vîte, & pour cause,
Avec Alamir te lier,
Et conclure à l'instant la chose.
(*Appercevant Alamir qui parle bas, & qui embrasse les genoux de la Princesse.*)
Oh ! oh ! que fait donc là mon petit officier ?
Avec elle tout bas il cause,
D'un air tant soit peu familier.

SANCHETTE.

A genoux il va la prier
De me donner à lui pour femme :
Elle ne répond point, ils sont d'accord.

CONSTANCE *au Duc de Foix, à qui elle parlait bas auparavant.*

Mon ame,
Mes Etats, mon destin, tout est au Duc de Foix ;
Je vous le dis encor, vos vertus, vos exploits
Me sont moins chers que votre flamme.

SANCHETTE.

Le Duc de Foix ? Mon père, avez-vous entendu ?

MORILLO.
Lui, Duc de Foix! te mocques-tu?
Il est notre parent.

SANCHETTE.
S'il allait ne plus l'être?

HERNAND.
Il vous faut avouer que ce héros mon maître,
Qui fut votre parent pendant une heure ou deux,
Est un Prince puissant, galant, victorieux;
Et qu'il s'est fait enfin connaître.

LE DUC DE FOIX *en se retournant vers Hernand.*
Ah! dites seulement qu'il est un Prince heureux;
Dites que pour jamais il consacre ses vœux
A cet objet charmant notre unique espérance,
La gloire de l'Espagne, & l'amour de la France.

SANCHETTE.
Adieu mon mariage! Hélas trop bonnement,
Moi j'ai crû qu'on m'aimait.

MORILLO.
Quelle étrange journée!

SANCHETTE.
A qui serai-je donc?

CONSTANCE.
A ma Cour amenée,
Je vous promets un établissement;
J'aurai soin de votre hyménée.

LEONOR.
Ce sera, s'il vous plait, avec un autre amant.

SANCHETTE *à la Princesse.*
Si je vis à vos pieds, je suis trop fortunée.

MORILLO.

Le Duc de Foix, comme je voi,
Me faisait donc l'honneur de se moquer de moi.

LE DUC DE FOIX.

Il faudra bien qu'on me pardonne.
La Victoire & l'Amour ont comblé tous nos vœux ;
Qu'au plaisir désormais ici tout s'abandonne :
Constance daigne aimer, l'univers est heureux.

Fin du troisiéme acte.

DIVERTISSEMENT

QUI TERMINE LE SPECTACLE.

Le théâtre représente les Pyrénées, L'AMOUR *descend sur un char, son arc à la main.*

L'AMOUR.

De rochers entassés, amas impénétrable,
Immense Pyrénée, en vain vous séparez
Deux peuples généreux à mes loix consacrés;
  Cédez à mon pouvoir aimable;
Cessez de diviser les climats que j'unis;
  Superbe montagne, obéis;
Disparaissez, tombez, impuissante barrière.
 Je veux dans mes peuples chéris,
 Ne voir qu'une famille entière.
Reconnaissez ma voix & l'ordre de Louis :
Disparaissez, tombez, impuissante barrière.
  CHŒUR D'AMOURS.
Disparaissez, tombez, impuissante barrière.
(*La montagne s'abîme insensiblement, les acteurs chantans & dansans sur le théâtre qui n'est pas encor orné.*)
  L'AMOUR.
Par les mains d'un grand Roi, le fier Dieu de la guerre
  A vû les remparts écroulés,
   Sous les coups redoublés
  De son nouveau tonnerre;

DIVERTISSEMENT.

Je dois triompher à mon tour :
Pour changer tout sur la terre,
Un mot suffit à l'Amour.

CHŒUR *des suivans de l'Amour.*
Disparaissez, tombez, impuissante barrière.

Il se forme à la place de la montagne un vaste & magnifique temple consacré à l'Amour, au fond duquel est un trône que l'Amour occupe.

Ce temple est rempli de quatre quadrilles distinguées par leurs habits & par leurs couleurs ; chaque quadrille a ses drapeaux.

Celle de FRANCE *porte dans son drapeau pour devise un lis entouré de rejettons.* Lilia per orbem.

L'ESPAGNE *un soleil & un parélie.* Sol è Sole.

La quadrille de NAPLES. Recepit & servat.

La quadrille de DON PHILIPPE. Spe & animo.

(*On danse.*)

(*Paroles sur une Chaconne.*)

Amour, Dieu charmant, ta puissance
A formé ce nouveau séjour ;
Tout ressent ici ta puissance,
Et le monde entier est ta cour.

UNE FRANÇAISE.
Les vrais sujets du tendre Amour
Sont le peuple heureux de la France.

LE CHŒUR.
Amour, Dieu charmant, ta puissance
A formé ce nouveau séjour, &c.

(*On*

(*On danſe.*)

Après la danſe UNE VOIX *chante alternativement avec le Chœur.*

Mars, Amour ſont nos Dieux,
Nous les ſervons tous deux;

Accourez après tant d'allarmes,
Volez, plaiſirs, enfans des cieux,
Au cri de Mars, au bruit des armes,
Mêlez vos ſons harmonieux:
A tant d'exploits victorieux,
Plaiſirs, meſurez tous vos charmes.
(*On danſe.*)

CHŒUR.

La gloire toûjours nous appelle,
Nous marchons ſous ſes étendars,
Brûlant de l'ardeur la plus belle
Pour Loüis, pour l'Amour & Mars.

DUO.

Charmans plaiſirs, nobles hazards,
Quel peuple vous eſt plus fidelle?

CHŒUR.

Mars, Amour ſont nos Dieux,
Nous les ſervons tous deux.
(*On continue la danſe.*)

UN FRANÇAIS.

Amour, Dieu des héros, fois la ſource féconde
De nos exploits victorieux;
Fai toûjours de nos Rois, les premiers Rois du monde,

Comme

Comme tu l'es des autres Dieux.
(*On danſe.*)
UN ESPAGNOL & UN NAPOLITAIN.
A jamais de la France
Recevons nos Rois,
Que la même vaillance
Triomphe ſous les mêmes loix.
(*On danſe.*)
(*Air de trompettes ſuivi d'un air de muſettes. Parodies ſur l'un & l'autre.*)
UN FRANÇAIS.
Hymen, frère de l'Amour,
Deſcen dans cet heureux ſéjour.

Voi ta brillante fête
Dans ton empire le plus beau,
C'eſt la gloire qui l'apprête,
Elle allume ton flambeau,
Ses lauriers ceignent ta tête.

Hymen, frère de l'Amour,
Deſcen dans cet heureux ſéjour.
(L'HYMEN *deſcend dans un char accompagné de* l'AMOUR, *pendant que le Chœur chante ;* l'HYMEN *&* l'AMOUR *forment une danſe caractériſée ; ils ſe fuyent, ils ſe chaſſent tour à tour ; ils ſe réuniſſent, ils s'embraſſent & changent de flambeau.*)
DUO.
Charmant hymen, Dieu tendre, Dieu fidelle,
Sois la ſource éternelle
Du bonheur des humains :

Ré-

Régnez, race immortelle,
Féconde en Souverains.

PREMIERE VOIX.   SECONDE VOIX.
Donnez de juftes loix.   Triomphez par les armes.

PREMIERE VOIX.
Epargnez tant de fang, effuyez tant de larmes.

SECONDE VOIX.
Non, c'eft à la Victoire à nous donner la paix.

Enfemble.

Dans vos mains gronde le tonnerre,
Effrayez } la terre.
Raffurez }
Frappez vos ennemis, répandez vos bienfaits.

(*On reprend.*)

Charmant hymen, Dieu tendre, &c.

(*On danfe.*)

BALLET GENERAL DES QUATRE QUADRILLES.
GRAND CHŒUR.

Régnez, race immortelle,
Féconde en Souverains, &c.

LE TEMPLE
DE
LA GLOIRE.

Fête donnée à Versailles, le 27 Novembre 1745.

Nouv. Mél. **V.** *Part.*   **G**   *PRE-*

PRÉFACE.

APrès une victoire signalée, après la prise de sept villes à la vûe d'une armée ennemie, & la paix offerte par le vainqueur; le spectacle le plus convenable qu'on pût donner au Souverain & à la Nation, qui ont fait ces grandes actions, était le *Temple de la Gloire*.

Il était tems d'essayer si le vrai courage, la modération, la clémence qui suit la victoire, la félicité des peuples, étaient des sujets aussi susceptibles d'une musique touchante, que de simples dialogues d'amour, tant de fois répétés sous des noms différens, & qui semblaient réduire à un seul genre la poësie lyrique.

Le célèbre *Metastazio*, dans la plûpart des fêtes qu'il composa pour la Cour de l'Empereur *Charles VI*, osa faire chanter des maximes de morale, & elles plûrent; on a mis ici en action, ce que ce génie singulier avait eu la hardiesse de présenter, sans le secours de la fiction & sans l'appareil du spectacle.

Ce n'est pas une imagination vaine & romanesque que le trône de la Gloire, élevé auprès du séjour des Muses, & la caverne de l'Envie, placée entre ces deux temples. Que la Gloire doive nommer l'homme le plus digne d'être couronné par elle, ce n'est là que l'image sensible du jugement des honnêtes gens, dont
l'ap-

PRÉFACE.

l'approbation est le prix le plus flatteur que puissent se proposer les Princes ; c'est cette estime des contemporains, qui assure celle de la postérité ; c'est elle qui a mis les *Titus* au-dessus des *Domitiens*, *Louis XII* au-dessus de *Louis XI*, & qui a distingué *Henri IV* de tant de Rois.

On introduit ici trois espèces d'hommes qui se présentent à la Gloire, toûjours prête à recevoir ceux qui le méritent, & à exclure ceux qui sont indignes d'elle.

Le second acte désigne, sous le nom de *Bélus*, les conquérans injustes & sanguinaires dont le cœur est faux & farouche.

Bélus enyvré de son pouvoir, méprisant ce qu'il a aimé, sacrifiant tout à une ambition cruelle, croit que des actions barbares & heureuses doivent lui ouvrir ce temple ; mais il en est chassé par les Muses qu'il dédaigne, & par les Dieux qu'il brave.

Bacchus conquérant de l'Inde, abandonné à la mollesse & aux plaisirs, parcourant la terre avec ses Bacchantes, est le sujet du troisième acte. Dans l'yvresse de ses passions, à peine cherche-t-il la Gloire ; il la voit, il en est touché un moment ; mais les premiers honneurs de ce temple ne sont pas dûs à un homme qui a été injuste dans ses conquêtes & effréné dans ses voluptés.

Cette place est dûe au héros qui paraît au quatriéme acte ; on a choisi *Trajan* parmi les Empereurs Romains qui ont fait la gloire de Rome & le bonheur du monde. Tous les historiens rendent témoignage que ce Prince avait les vertus militaires & fociables, & qu'il les couronnait par la juftice ; plus connu encor par fes bienfaits que par fes victoires. Il était humain, acceffible ; fon cœur était tendre, & cette tendreffe était dans lui une vertu ; elle répandait un charme inexprimable fur ces grandes qualités qui prennent fouvent un caractère de dureté, dans une ame qui n'eft que jufte.

Il favait éloigner de lui la calomnie : il cherchait le mérite modefte pour l'employer & le récompenfer, parce qu'il était modefte lui-même ; & il le démêlait, parce qu'il était éclairé : il dépofait avec fes amis, le fafte de l'Empire ; fier avec fes feuls ennemis ; & la clémence prenait la place de cette hauteur après la victoire. Jamais on ne fut plus grand & plus fimple. Jamais Prince ne goûta comme lui, au milieu des foins d'une Monarchie immenfe, les douceurs de la vie privée & les charmes de l'amitié. Son nom eft encor cher à toute la terre ; fa mémoire fait encor des heureux, elle infpire une noble & tendre émulation aux cœurs qui font nés dignes de l'imiter.

Trajan dans ce poëme, ainfi que dans fa vie, ne court pas après la Gloire ; il n'eft occupé que de fon devoir, & la Gloire vole au-devant de lui ; elle le couronne, elle le place dans fon temple, il en fait le temple du bonheur public. Il ne rapporte rien à foi, il ne fonge qu'à être le bienfaiteur des hommes ; & les éloges de l'Empire entier viennent le chercher, parce qu'il ne cherchait que le bien de l'Empire.

Voilà le plan de cette fête ; il eft au-deffus
de

de l'exécution, & au-dessous du sujet; mais quelque faiblement qu'il soit traité, on se flatte d'être venu dans un tems où ces seules idées doivent plaire.

ACTEURS ET ACTRICES
CHANTANS DANS TOUS LES CHŒURS.

DU CÔTÉ DU ROI,	DU CÔTÉ DE LA REINE,
Huit femmes & seize hommes.	Huit femmes & seize hommes.

Musettes, haut-bois, bassons.

ACTEURS CHANTANS *au premier acte.*

L'ENVIE.

APOLLON.

Une Muse.

Démons de la suite de l'Envie.

Muses & Héros de la suite d'Apollon.

ACTEURS DANSANS *au premier acte.*

Huit Démons.

Sept Héros.

Les neuf Muses.

LE

LE TEMPLE DE LA GLOIRE.

ACTE PREMIER.

Le théâtre représente la caverne de l'ENVIE. On voit à travers les ouvertures de la caverne, une partie du TEMPLE DE LA GLOIRE *qui est dans le fond, & les berceaux des Muses qui sont sur les aîles.*

L'ENVIE & ses suivans, *une torche à la main.*

L'ENVIE.

PRofonds abîmes du Ténare,
Nuit affreuse, éternelle nuit,
Dieux de l'oubli, Dieux du Tartare,
Eclipsez le jour qui me luit.
Démons, apportez-moi votre secours barbare,
Contre le Dieu qui me poursuit.

Les Muses & la Gloire ont élevé leur temple
Dans ces paisibles lieux :
Qu'avec horreur je les contemple !
Que leur éclat blesse mes yeux !
Profonds abîmes du Ténare,
Nuit affreuse, éternelle nuit,
Dieux de l'oubli, Dieu du Tartare,
Eclipsez le jour qui me luit ;
Démons, apportez-moi votre secours barbare,
Contre le Dieu qui me poursuit.

SUITE DE L'ENVIE.

Notre gloire est de détruire,
Notre sort est de nuire ;
Nous allons renverser ces affreux monumens.
Nos coups redoutables
Sont plus inévitables
Que les traits de la mort & le pouvoir du tems.

L'ENVIE.

Hâtez-vous, vengez mon outrage ;
Des Muses que je hais embrasez le bocage,
Ecrasez sous ces fondemens,
Et la Gloire, & son temple, & ses heureux enfans,
Que je hais encor davantage.
Démons ennemis des vivans,
Donnez ce spectacle à ma rage.

Les suivans de l'ENVIE dansent & forment un Ballet figuré ; un Héros vient au milieu de ces Furies, étonnées à son approche ; il se voit interrompu par les suivans de l'ENVIE, qui veulent en vain l'effrayer.

APOL-

APOLLON *entre, suivi des Muses, de demi-Dieux & de Héros.*

APOLLON.

Arrêtez, monstres furieux.
Fui mes traits, crain mes feux, implacable Furie.

L'ENVIE.

Non, ni les mortels, ni les dieux
Ne pourront désarmer l'Envie.

APOLLON.

Oses-tu suivre encor mes pas ?
Oses-tu soutenir l'éclat de ma lumière ?

L'ENVIE.

Je troublerai plus de climats,
Que tu n'en vois dans ta carrière.

APOLLON.

Muses & demi-Dieux, vengez-moi, vengez-vous.

Les HEROS & *les demi-Dieux saisissent l'*ENVIE.

L'ENVIE.

Non, c'est en vain que l'on m'arrête.

APOLLON.

Etouffez ces serpens qui sifflent sur sa tête.

L'ENVIE.

Ils renaîtront cent fois pour servir mon couroux.

APOLLON.

Le ciel ne permet pas que ce monstre périsse,
Il est immortel comme nous :
Qu'il souffre un éternel supplice ;
Que du bonheur du monde il soit infortuné ;
Qu'auprès de la Gloire il gémisse,
Qu'à son trône il soit enchaîné.

L'Antre

L'Antre de L'ENVIE *s'ouvre, & laisse voir* le temple de la Gloire. *On l'enchaîne aux pieds du trône de cette Déesse.*

CHŒUR DES MUSES & DEMI-DIEUX.

Ce monstre toûjours terrible
Sera toûjours abattu :
Les arts, la gloire, la vertu
Nourriront sa rage inflexible.

APOLLON *aux Muses.*

Vous, entre sa caverne horrible
Et ce temple où la Gloire appelle les grands cœurs,
Chantez, filles des Dieux, sur ce côteau paisible :
La gloire & les Muses sont sœurs.

*La caverne de l'*ENVIE *achève de disparaître. On voit les deux côteaux du Parnasse. Des berceaux ornés de guirlandes de fleurs, sont à mi-côte; & le fond du théâtre est composé de trois arcades de verdure, à travers lesquelles on voit* le temple de la Gloire *dans le lointain.*

APOLLON *continue.*

Pénétrez les humains de vos divines flammes,
Charmez, instruisez l'univers,
Régnez, répandez dans les ames
La douceur de vos concerts.
Pénétrez les humains de vos divines flammes,
Charmez, instruisez l'univers.

Danse des Muses & des Héros.

CHŒUR DES MUSES.

Nous calmons les allarmes,
Nous chantons, nous donnons la paix;

Mais

Mais tous les cœurs ne font pas faits
Pour fentir le prix de nos charmes.
UNE MUSE.
Qu'à nos loix à jamais dociles,
Dans nos champs, nos tendres pasteurs,
Toûjours fimples, toûjours tranquiles,
Ne cherchent point d'autres honneurs :
Que quelquefois, loin des grandeurs,
Les Rois viennent dans nos aziles.
CHŒUR DES MUSES.
Nous calmons les allarmes,
Nous chantons, nous donnons la paix;
Mais tous les cœurs ne font pas faits
Pour fentir le prix de nos charmes.

Fin du premier acte.

ACTEURS CHANTANS au second acte.

LIDIE.

ARSINE, confidente de Lidie.

Bergers & Bergères.

Une Bergère.

Un Berger.

Un autre Berger.

BÉLUS.

Rois captifs, & soldats de la suite de Bélus.

APOLLON.

Les neuf Muses.

ACTEURS DANSANS au second acte.

Bergers & Bergères.

ACTE II.

Le théâtre représente le bocage des Muses. Les deux côtés du théâtre sont formés des deux collines du Parnasse. Des berceaux entrelassés de lauriers & de fleurs, régnent sur le penchant des collines ; au-dessous sont des grottes percées à jour, ornées comme les berceaux, dans lesquelles sont des Bergers & Bergères ; le fond est composé de trois grands berceaux en architecture.

LIDIE, ARSINE, BERGERS ET BERGERES.

LIDIE.

Oui, parmi ces Bergers aux Muses consacrés,
Loin d'un tyran superbe & d'un amant volage,
Je trouverai la paix, je calmerai l'orage
  Qui trouble mes sens déchirés.

ARSINE.

  Dans ces retraites paisibles,
  Les Muses doivent calmer
  Les cœurs purs, les cœurs sensibles,
  Que la cour peut opprimer.
Cependant vous pleurez, votre œil en vain contemple
  Ces bois, ces nymphes, ces pasteurs ;
De leur tranquillité suivez l'heureux exemple.

LIDIE.

La Gloire a vers ces lieux fait élever son temple ;
           La

La honte habite dans mon cœur !
La Gloire en ce jour même, au plus grand Roi du monde,
Doit donner de ses mains un laurier immortel ;
Bélus va l'obtenir.

ARSINE.
Votre douleur profonde
Redouble à ce nom si cruel.

LIDIE.
Bélus va triompher de l'Asie enchaînée ;
Mon cœur & mes Etats sont au rang des vaincus.
L'ingrat me promettait un brillant hyménée ;
Il me trompait du moins ; il ne me trompe plus ;
Il me laisse, je meurs, & meurs abandonnée !

ARSINE.
Il a trahi vingt Rois ; il trahir vos appas ;
Il ne connaît qu'une aveugle puissance.

LIDIE.
Mais, vers la Gloire il adresse ses pas ;
Pourra-t-il sans rougir, soutenir ma préfence ?

ARSINE.
Les tyrans ne rougissent pas.

LIDIE.
Quoi, tant de barbarie avec tant de vaillance !
O Muses, soyez mon appui ;
Secourez-moi contre moi-même ;
Ne permettez pas que j'aime
Un Roi qui n'aime que lui.

LES BERGERS ET LES BERGERES,
*confacrés aux Mufes, fortent des antres du Parnaffe,
au fon des inftrumens champêtres.*

LIDIE *aux Bergers.*
Venez, tendres Bergers, vous qui plaignez mes larmes,
Mortels heureux, des Mufes infpirés,
Dans mon cœur agité répandez tous les charmes
De la paix que vous célébrez.

LES BERGERS EN CHŒUR.
Oferons-nous chanter fur nos faibles mufettes,
Lorfque les horribles trompettes
Ont épouvanté les échos ?

UNE BERGERE.
Que veulent donc tous ces Héros ?
Pourquoi troublent-ils nos retraites ?

LIDIE.
Au temple de la Gloire ils cherchent le bonheur.

LES BERGERS.
Il eft aux lieux où vous êtes,
Il eft au fond de notre cœur.

UN BERGER.
Vers ce temple, où la mémoire
Confacre les noms fameux,
Nous ne levons point nos yeux;
Les Bergers font affez heureux
Pour voir au moins que la Gloire
N'eft point faite pour eux.

On entend un bruit de timbales & de trompettes.

CHŒUR

LE TEMPLE

CHŒUR DE GUERRIERS *qu'on ne voit pas encore.*
  La guerre fanglante,
  La mort, l'épouvante,
  Signalent nos fureurs.
  Livrons-nous un paffage,
  A travers le carnage,
  Au faîte des grandeurs.
 PETIT CHŒUR DE BERGERS,
 Quels fons affreux, quel bruit fauvage !
O Mufes, protégez nos fortunés climats.
   UN BERGER.
O Gloire, dont le nom femble avoir tant d'appas,
  Serait-ce là votre langage ?

BÉLUS *paraît fous le berceau du milieu, entouré de fes guerriers ; il eft fur un trône porté par huit Rois enchaînés.*

   BELUS.
Rois qui portez mon trône, efclaves couronnés,
Que j'ai daigné choifir pour orner ma victoire ;
Allez, allez m'ouvrir le temple de la Gloire,
Préparez les honneurs qui me font deftinés.
  Il defcend & continue.
 Je veux que votre orgueil feconde
  Les foins de ma grandeur ;
La Gloire, en m'élevant au premier rang du monde,
 Honore affez votre malheur.
     Sa fuite fort.
 On entend une mufique douce.
Mais quels accens pleins de molleffe
      Offen-

DE LA GLOIRE.

Offenfent mon oreille & révoltent mon cœur !
LIDIE.
L'humanité, grands Dieux ! eft-elle une faibleffe ?
Parjure amant, cruel vainqueur,
Mes cris te pourfuivront fans ceffe.
BELUS.
Vos plaintes & vos cris ne peuvent m'arrêter;
La Gloire loin de vous m'appelle;
Si je pouvais vous écouter,
Je deviendrais indigne d'elle.
LIDIE.
Non, la Gloire n'eft point barbare & fans pitié ;
Non, tu te fais des Dieux à toi-même femblables ;
A leurs autels tu n'as facrifié
Que les pleurs & le fang des mortels miférables.
BELUS.
Ne condamnez point mes exploits.
Quand on fe veut rendre le maitre,
On eft malgré foi quelquefois
Plus cruel qu'on ne voudrait être.
LIDIE.
Que je hais tes exploits heureux !
Que le fort t'a changé ! Que ta grandeur t'égare !
Peut-être es-tu né généreux,
Ton bonheur t'a rendu barbare.
BELUS.
Je fuis né pour dompter, pour changer l'univers :
Le faible oifeau dans un bocage,
Fait entendre fes doux concerts ;
L'aigle qui vole au haut des airs,
Porte la foudre & le ravage.

Cessez de m'arrêter par vos murmures vains,
Et laissez-moi remplir mes augustes destins.

BELUS *sort pour aller au temple.*

LIDIE.

Ô Muses puissantes Déesses,
De cet ambitieux fléchissez la fierté;
Secourez-moi contre sa cruauté,
Ou du moins contre mes faiblesses.

APOLLON & *les Muses descendent dans un char qui repose par les deux bouts sur les deux collines du Parnasse.*

Elles chantent en chœur.

Nous adoucissons
Par nos arts aimables,
Les cœurs impitoyables,
Ou nous les punissons.

APOLLON.

Bergers, qui dans nos bocages,
Apprîtes nos chants divins,
Vous calmez les monstres sauvages,
Fléchissez les cruels humains.

LES BERGERS *dansent.*

APOLLON.

Vole, Amour, Dieu des Dieux, embelli mon empire,
Désarme la guerre en fureur :
D'un regard, d'un mot, d'un sourire,
Tu calmes le trouble & l'horreur.
Tu peux changer un cœur,

Je ne peux que l'inſtruire.
Vole, Amour, Dieu des Dieux, embelli mon empire,
Déſarme la guerre en fureur.

BELUS *rentre, ſuivi de ſes guerriers.*

Quoi, ce temple pour moi ne s'ouvre point encore ?
Quoi, cette Gloire que j'adore,
Près de ces lieux prépara mes autels ;
Et je ne vois que de faibles mortels,
Et de faibles Dieux que j'ignore ?

CHŒUR DE BERGERS.

C'eſt aſſez vous faire craindre,
Faites-vous enfin chérir.
Ah qu'un grand cœur eſt à plaindre,
Quand rien ne peut l'attendrir !

UNE BERGERE.

D'une beauté tendre & ſoumiſe,
Si tu trahis les appas,
Cruel vainqueur, n'eſpère pas
Que la Gloire te favoriſe.

UN BERGER.

Quoi, vers la Gloire il a porté ſes pas,
Et ſon cœur ſerait infidelle ?
Ah, parmi nous, une honte éternelle
Eſt le ſuplice des ingrats.

BELUS.

Qu'entens-je ! Il eſt au monde un peuple qui m'offenſe ?
Quelle eſt la faible voix qui murmure en ces lieux,
Quand la terre tremble en ſilence !
Soldats, délivrez-moi de ce peuple odieux.

LE CHŒUR DES MUSES.
Arrêtez, respectez les Dieux
Qui protégent l'innocence.

BELUS.
Des Dieux ! Oseraient-ils suspendre ma vengeance ?

APOLLON, & les Muses.
Ciel, couvrez-vous de feux ; tonnerres, éclatez;
Tremble, fui les Dieux irrités.

On entend le tonnerre, & des éclairs partent du char où sont les Muses avec APOLLON.

APOLLON seul.
Loin du temple de la Gloire,
Cours au temple de la Fureur.
On gardera de toi l'éternelle mémoire,
Avec une éternelle horreur.

LE CHŒUR d'Apollon & des Muses.
Cœur implacable,
Apprens à trembler.
La mort te suit, la mort doit immoler
Ce fortuné coupable.
Cœur implacable,
Apprens à trembler.

BELUS.
Non, je ne tremble point, je brave le tonnerre ;
Je méprise ce temple, & je hais les humains :
J'embraserai de mes puissantes mains
Les tristes restes de la terre.

CHŒUR.
Cœur implacable,
Apprens à trembler.

La mort te fuit, la mort doit immoler
Ce fortuné coupable.
Cœur implacable,
Apprens à trembler.

APOLLON & *les Muses à* LIDIE.

Toi qui gémis d'un amour déplorable,
Etein fes feux, brife fes traits,
Goûte par nos bienfaits
Un calme inaltérable.

Les Bergers & les Bergères emmènent Lidie.

Fin du fecond acte.

ACTEURS CHANTANS au troisiéme acte.

Le Grand-Prêtre de la Gloire.

Une Prêtresse.

Chœur de Prêtres & de Prêtresses de la Gloire.

Un Guerrier, suivant de Bacchus.

Une Bacchante.

BACCHUS.

ERIGONE.

Guerriers, Egypans, Bacchantes, & Satires de la suite de Bacchus.

ACTEURS DANSANS au troisiéme acte.

PREMIER DIVERTISSEMENT.

Cinq Prêtresses de la Gloire.

Quatre Héros.

SECOND DIVERTISSEMENT.

Neuf Bacchantes.

Six Egypans.

Huit Satires.

ACTE III.

Le théâtre représente l'avenue & le frontispice du TEMPLE DE LA GLOIRE. *Le trône que la Gloire a préparé pour celui qu'elle doit nommer le plus grand des hommes, est vû dans l'arrière-théâtre; il est supporté par des Vertus, & l'on y monte par plusieurs degrés.*

LE GRAND-PRÊTRE de la Gloire, *couronné de lauriers, une palme à la main, entouré des Prêtres & des Prêtresses de la Gloire.*

UNE PRETRESSE.

Gloire enchanteresse,
Superbe maîtresse
Des Rois, des vainqueurs ;
L'ardente jeunesse,
La froide vieillesse
Briguent tes faveurs.

LE CHOEUR.

Gloire enchanteresse, &c.

LA PRETRESSE.

Le prétendu sage
Croit avoir brisé
Ton noble esclavage :
Il s'est abusé ;

C'est un amant méprisé,
Son dépit est un hommage.

LE GRAND-PRETRE.

Déesse des héros, du vrai sage & des Rois,
Source noble & féconde
Et des vertus & des exploits :
O Gloire, c'est ici que ta puissante voix
Doit nommer par un juste choix,
Le premier des maîtres du monde.
Venez, volez, accourez tous,
Arbitres de la paix, & foudres de la guerre,
Vous qui domptez, vous qui calmez la terre,
Nous allons couronner le plus digne de vous.

Danse de Héros, avec les Prêtresses de la Gloire.

Les suivans de BACCHUS arrivent avec des Bacchantes & des Menades, couronnés de lierre, le tirse à la main.

UN GUERRIER, *suivant de Bacchus.*

Bacchus est en tous lieux notre guide invincible ;
Ce héros fier & bienfaisant
Est toûjours aimable & terrible :
Préparez le prix qui l'attend.

UNE BACCHANTE ET LE CHŒUR.

Le Dieu des plaisirs va paraître,
Nous annonçons notre maître,
Ses douces fureurs
Dévorent nos cœurs.

Pen-

Pendant ce chœur, les Prêtres de la Gloire rentrent dans le temple, dont les portes se ferment.

LE GUERRIER.

Les tigres enchaînés conduisent sur la terre,
　　　Erigone & Bacchus ;
　　Les victorieux, les vaincus,
Tous les Dieux des plaisirs, tous les Dieux de la guerre,
　　Marchent ensemble confondus.
On entend le bruit des trompettes, des haut-bois & des flûtes, alternativement.

LA BACCHANTE.

　　Je vois la tendre volupté
　　Sur le char sanglant de Bellone,
　　Je vois l'Amour qui couronne
　　　La valeur & la beauté.

BACCHUS & ERIGONE *paraissent sur un char traîné par des tigres, entouré de Guerriers, de Bacchantes, d'Egypans & de Satires.*

BACCHUS.

　　Erigone, objet pleins de charmes,
　　Objet de ma brûlante ardeur,
Je n'ai point inventé dans les horreurs des armes
Ce nectar des humains, nécessaire au bonheur,
Pour consoler la terre, & pour sécher ses larmes ;
　　C'était pour enflammer ton cœur.
Bannissons la raison de nos brillantes fêtes.
　　Non, je ne la connus jamais,
　　Dans mes plaisirs, dans mes conquêtes ;
　　Non, je t'adore, & je le sais.
Bannissons la raison de nos brillantes fêtes.

ERI-

ERIGONE.

Conservez-la plutôt pour augmenter vos feux;
Bannissez seulement le bruit & le ravage :
  Si par vous le monde est heureux,
  Je vous aimerai davantage.

BACCHUS.

Les faibles sentimens offensent mon amour;
  Je veux qu'une éternelle yvresse
De gloire, de grandeur, de plaisirs, de tendresse,
  Régne sur mes sens tour à tour.

ERIGONE.

Vous allarmez mon cœur, il tremble de se rendre;
De vos emportemens il est épouvanté :
  Il serait plus transporté,
  Si le votre était plus tendre.

BACCHUS.

  Partagez mes transports divins ;
Sur mon char de victoire, au sein de la mollesse,
Rendez le ciel jaloux, enchaînez les humains ;
Un Dieu plus fort que moi nous entraine & nous presse.
  Que le tirse régne toûjours
  Dans les plaisirs & dans la guerre,
    Qu'il tienne lieu du tonnerre,
    Et des fléches des amours.

LE CHŒUR.

  Que le tirse régne toûjours
  Dans les plaisirs & dans la guerre,
    Qu'il tienne lieu du tonnerre,
    Et des fléches des amours.

ERIGONE.

Quel Dieu de mon ame s'empare !

Quel

DE LA GLOIRE.

Quel désordre impétueux !
Il trouble mon cœur, il l'égare.
L'Amour seul rendrait plus heureux.

BACCHUS.

Mais quel est dans ces lieux ce temple solitaire ?
A quels Dieux est-il consacré ?
Je suis vainqueur, j'ai sû vous plaire :
Si Bacchus est connu, Bacchus est adoré.

UN DES SUIVANS *de Bacchus*.

La Gloire est dans ces lieux, le seul Dieu qu'on adore,
Elle doit aujourd'hui placer sur ses autels,
Le plus auguste des mortels.
Le vainqueur bienfaisant des peuples de l'Aurore
Aura ces honneurs solemnels.

ERIGONE.

Un si brillant hommage
Ne se refuse pas.
L'Amour seul me guidait sur cet heureux rivage ;
Mais on peut détourner ses pas,
Quand la Gloire est sur le passage.

Ensemble.

La Gloire est une vaine erreur,
Mais avec vous c'est le bonheur suprême :
C'est vous que j'aime,
C'est vous qui remplissez mon cœur.

BACCHUS.

Le temple s'ouvre,
La Gloire se découvre.
L'objet de mon ardeur y sera couronné ;
Suivez-moi.

Le temple de la Gloire paraît ouvert.

LE GRAND-PRETRE *de la Gloire.*

Téméraire, arrête ;
Ce laurier serait profané,
S'il avait couronné ta tête.
Bacchus qu'on célèbre en tous lieux,
N'a point ici la préférence ;
Il est une vaste distance
Entre les noms connus & les noms glorieux.

ERIGONE.

Eh quoi ! De ses présens, la Gloire est-elle avare
Pour ses plus brillans favoris ?

BACCHUS.

J'ai versé des bienfaits sur l'univers soumis.
Pour qui sont ces lauriers que votre main prépare ?

LE GRAND-PRETRE.

Pour des vertus d'un plus haut prix.
Contentez-vous, Bacchus, de régner dans vos fêtes,
D'y noyer tous les maux que vos fureurs ont faits.
Laissez-nous couronner de plus belles conquêtes,
Et de plus grands bienfaits.

BACCHUS.

Peuple vain, peuple fier, enfans de la tristesse,
Vous ne méritez pas des dons si précieux.
Bacchus vous abandonne à la froide sagesse,
Il ne saurait vous punir mieux.
Volez, suivez-moi, troupe aimable,
Venez embellir d'autres lieux.
Par la main des plaisirs, des amours, & des jeux,
Versez ce nectar délectable,
Vainqueur des mortels & des Dieux ;

Vo-

Volez, suivez-moi, troupe aimable,
Venez embellir d'autres lieux.

BACCHUS ET ERIGONE.

Parcourons la terre
Au gré de nos desirs,
Du temple de la guerre,
Au temple des plaisirs.

On danse.

UNE BACCHANTE *avec le Chœur.*

Bacchus fier & doux vainqueur,
Condui mes pas, régne en mon cœur;
La Gloire promet le bonheur,
Et c'est Bacchus qui nous le donne.
Raison, tu n'es qu'une erreur,
Et le chagrin t'environne.
Plaisir, tu n'es point trompeur,
Mon ame à toi s'abandonne.
Bacchus fier & doux vainqueur, &c.

Fin du troisième acte.

ACTEURS CHANTANS au quatriéme acte.

PLAUTINE.

JUNIE, } confidentes de Plautine.
FANIE, }

Prêtres de Mars, & Prêtresses de Vénus.

TRAJAN.

Guerriers de la suite de Trajan.

Six Rois vaincus à la suite de Trajan.

Romains & Romaines.

La GLOIRE.

Suivans de la Gloire.

ACTEURS DANSANS au quatriéme acte.

PREMIER DIVERTISSEMENT.

Quatre Prêtres de Mars.

Cinq Prêtresses de Vénus.

SECOND DIVERTISSEMENT.

Suivans de la Gloire, cinq hommes & quatre femmes.

ACTE

ACTE IV.

Le théâtre représente la ville d'Artaxate à demi ruinée, au milieu de laquelle est une place publique ornée d'arcs de triomphe, chargés de trophées.

PLAUTINE, JUNIE, FANIE.

PLAUTINE.

REvien, divin Trajan, vainqueur doux & terrible;
Le monde est mon rival, tous les cœurs sont à toi;
  Mais est-il un cœur plus sensible,
  Et qui t'adore plus que moi?

Les Parthes sont tombés sous ta main foudroyante;
  Tu punis, tu venges les Rois.
  Rome est heureuse & triomphante;
  Tes bienfaits passent tes exploits.

Revien, divin Trajan, vainqueur doux & terrible;
Le monde est mon rival, tous les cœurs sont à toi;
  Mais, est-il un cœur plus sensible,
  Et qui t'adore plus que moi?

FANIE.
Dans ce climat barbare, au sein de l'Arménie,
Osez-vous affronter les horreurs des combats?

PLAUTINE.
Nous étions protégés par son puissant génie,
  Et l'Amour conduisait mes pas.

JUNIE.

JUNIE.

L'Europe reverra son vengeur & son maître ;
Sous ces arcs triomphaux, on dit qu'il va paraître.

PLAUTINE.

Ils sont élevés par mes mains.
Quel doux plaisir succède à ma douleur profonde !
Nous allons contempler dans le Maître du monde,
Le plus aimable des humains.

JUNIE.

Nos soldats triomphans, enrichis, pleins de gloire,
Font voler son nom jusqu'aux cieux.

FANIE.

Il se dérobe à leurs chants de victoire,
Seul, sans pompe, & sans suite, il vient orner ces lieux.

PLAUTINE.

Il faut à des héros vulgaires
La pompe & l'éclat des honneurs ;
Ces vains appuis sont nécessaires
Pour les vaines grandeurs.

Trajan seul est suivi de sa gloire immortelle ;
On croit voir près de lui l'univers à genoux ;
Et c'est pour moi qu'il vient ! Ce héros m'est fidelle !
Grands Dieux, vous habitez dans cette ame si belle,
Et je la partage avec vous !

TRAJAN, PLAUTINE, Suite.

PLAUTINE *courant au-devant de* TRAJAN.

ENfin, je vous revois, le charme de ma vie
M'est rendu pour jamais.

TRAJAN.

TRAJAN.

Le ciel me vend cher ſes bienfaits,
Ma félicité m'eſt ravie.
Je reviens un moment pour m'arracher à vous,
Pour m'animer d'une vertu nouvelle,
Pour mériter, quand Mars m'appelle,
D'être Empereur de Rome, & d'être votre époux.

PLAUTINE.

Que dites-vous ? Quel mot funeſte !
Un moment ! Vous, ô ciel ! Un ſeul moment me reſte,
Quand mes jours dépendaient de vous revoir toûjours.

TRAJAN.

Le ciel en tous les tems m'accorda ſon ſecours ;
Il me rendra bientôt aux charmes que j'adore.
C'eſt pour vous qu'il a fait mon cœur.
Je vous ai vûe, & je ſerai vainqueur.

PLAUTINE.

Quoi, ne l'êtes-vous pas ? Quoi, ſerait-il encore
Un Roi que votre main n'aurait pas déſarmé ?
Tout n'eſt-t-il pas ſoumis, du couchant à l'aurore ?
L'univers n'eſt-il pas calmé ?

TRAJAN.

On oſe me trahir.

PLAUTINE.

Non, je ne puis vous croire,
On ne peut vous manquer de foi.

TRAJAN.

Des Parthes terraſſés l'inexorable Roi
S'irrite de ſa chûte, & brave ma victoire ;
Cinq Rois qu'il a ſéduits ſont armés contre moi,
Ils ont joint l'artifice aux excès de la rage,

Ils font au pié de ces remparts ;
Mais j'ai pour moi les Dieux, les Romains, mon courage,
Et mon amour & vos regards.
PLAUTINE.
Mes regards vous fuivront, je veux que fur ma tête
Le ciel épuife fon couroux.
Je ne vous quitte pas, je braverai leurs coups ;
J'écarterai la mort qu'on vous apprête,
Je mourrai du moins près de vous.
TRAJAN.
Ah, ne m'accablez point, mon cœur eft trop fenfible;
Ah, laiffez-moi vous mériter.
Vous m'aimez, il fuffit, rien ne m'eft impoffible,
Rien ne pourra me réfifter.
PLAUTINE.
Cruel, pouvez-vous m'arrêter ?
J'entens déja les cris d'un ennemi perfide.
TRAJAN.
J'entens la voix du devoir qui me guide.
Je vole ; demeurez ; la victoire me fuit.
Je vole ; attendez tout de mon peuple intrépide,
Et de l'amour qui me conduit.

Enfemble.

Je vais ⎱ punir un barbare,
Allez ⎰

Terraffer fous ⎱ mes ⎰ coups
⎰ vos ⎱

L'ennemi qui nous fépare,
Qui m'arrache un moment à vous.
PLAUTINE.
Il m'abandonne à ma douleur mortelle.

Cher

Cher amant, arrêtez; Ah ! détournez les yeux,
Voyez encor les miens.
   TRAJAN, *au fond du théâtre.*
     O Dieux ! ô juftes Dieux !
  Veillez fur l'Empire & fur elle.
    PLAUTINE.
  Il eft déja loin de ces lieux.
Devoir, es-tu content ? Je meurs, & je l'admire.
  Miniftres du Dieu des combats,
Prêtreffes de Vénus, qui veillez fur l'Empire,
Percez le ciel de cris, accompagnez mes pas,
  Secondez l'amour qui m'infpire.
CHŒUR DES PRETRES DE MARS.
  Fier Dieu des allarmes,
   Protège nos armes,
  Condui nos étendarts.
CHŒUR DES PRETRESSES DE VENUS.
  Déeffe des Graces,
   Vole fur fes traces,
  Enchaîne le Dieu Mars.
   On danfe.
CHŒUR DES PRETRESSES.
Mère de Rome & des amours paifibles,
Vien tout ranger fous ta charmante loi,
Vien couronner nos Romains invincibles,
Ils font tous nés pour l'amour, & pour toi.
    PLAUTINE.
Dieux puiffans, protégez votre vivante image ;
Vous étiez autrefois des mortels comme lui ;
C'eft pour avoir régné comme il règne aujourd'hui,

Que le ciel est votre partage.
On danse.

On entend un CHŒUR *de Romains qui avancent lentement sur le théâtre.*

Charmant héros, qui pourra croire
Des exploits si prompts & si grands ?
Tu te fais en peu de tems,
La plus durable mémoire.

JUNIE.

Entendez-vous ces cris & ces chants de victoire ?

FANIE.

Trajan revient vainqueur.

PLAUTINE.

En pouviez-vous douter ?
Je vois ces Rois captifs, ornemens de sa gloire;
Il vient de les combattre, il vient de les dompter.

JUNIE.

Avant de les punir par ses loix légitimes,
Avant de frapper ses victimes,
A vos genoux il veut les présenter.

TRAJAN *paraît, entouré des aigles Romaines & de faisceaux; les Rois vaincus sont enchaînés à sa suite.*

TRAJAN.

Rois, qui redoutez ma vengeance,
Qui craignez les affronts aux vaincus destinés,
Soyez désormais enchaînés
Par la seule reconnaissance.
Plautine est en ces lieux, il faut qu'en sa présence,
Il ne soit point d'infortunés.

LES

Les Rois *se relevant, chantent avec le chœur.*

O grandeur ! ô clémence !
Vainqueur égal aux Dieux,
Vous avez leur puissance,
Vous pardonnez comme eux.

PLAUTINE.

Vos vertus ont passé mon espérance même ;
Mon cœur est plus touché que celui de ces Rois.

TRAJAN.

Ah, s'il est des vertus dans ce cœur qui vous aime,
Vous savez à qui je les dois.
J'ai voulu des humains mériter le suffrage,
Dompter les Rois, briser leurs fers,
Et vous apporter mon hommage,
Avec les vœux de l'univers.
Ciel ! que vois-je en ces lieux ?

LA GLOIRE *descend d'un vol précipité, une couronne de laurier à la main.*

LA GLOIRE.

Tu vois ta récompense,
Le prix de tes exploits, surtout de ta clémence ;
Mon trône est à tes pieds, tu régnes avec moi.

Le théâtre change & représente LE TEMPLE DE LA GLOIRE.

Elle continue.

Plus d'un héros, plus d'un grand Roi,
Jaloux en vain de sa mémoire,
Vola toûjours après la Gloire,
Et la Gloire vole après toi.

Les Suivans de la Gloire, *mêlés aux Romains & aux Romaines, forment des danses.*

UN ROMAIN.

Régnez en paix après tant d'orages,
Triomphez dans nos cœurs satisfaits.
Le fort préside aux combats, aux ravages ;
La Gloire est dans les bienfaits.

Tonnerre, écarte-toi de nos heureux rivages ;
Calme heureux, revien pour jamais.

Régnez en paix, &c.

CHŒUR.

Le ciel nous seconde,
Célébrons son choix :
Exemple des Rois,
Délices du monde,
Vivons sous tes loix.

JUNIE.

Tendre Vénus, à qui Rome est soumise,
A nos exploits join tes tendres appas ;
Ordonne à Mars enchanté dans tes bras,
Que pour Trajan sa faveur s'éternise.

LE CHŒUR.

Le ciel nous seconde,
Célébrons son choix :
Exemple des Rois,
Délices du monde,
Vivons sous tes loix.

TRAJAN.

Des honneurs si brillans sont trop pour mon partage.
Dieux dont j'éprouve la faveur,

Dieux de mon peuple, achevez votre ouvrage,
Changez ce temple augufte en celui du Bonheur.
>Qu'il ferve à jamais aux fêtes
Des fortunés humains :
Qu'il dure autant que les conquêtes,
Et que la gloire des Romains.
>LA GLOIRE.
Les Dieux ne refufent rien
Au héros qui leur reffemble :
Volez, plaifirs, que fa vertu raffemble;
Le temple du Bonheur fera toûjours le mien.

Fin du quatriéme acte.

ACTEURS CHANTANS au cinquiéme acte.

 Une Romaine.
 Une Bergère.
 Bergers & Bergères.
 Un Romain.
 Jeunes Romains & Romaines.
 Tous les acteurs du quatriéme acte.

ACTEURS DANSANS au cinquiéme acte.

 Romains & Romaines de différens états.

  PREMIER QUADRILLE.
 Trois hommes & deux femmes.

  DEUXIEME QUADRILLE.
 Trois hommes & deux femmes.

  TROISIEME QUADRILLE.
 Trois femmes & deux hommes.

  QUATRIEME QUADRILLE.
 Trois femmes & deux hommes.

ACTE V.

Le théâtre change & repréſente LE TEMPLE DU BONHEUR; *Il eſt formé de pavillons d'une architecture légère, de périſtiles, de jardins, de fontaines, &c. Ce lieu délicieux eſt rempli de Romains & de Romaines de tous états.*

CHŒUR.

CHantons en ce jour ſolemnel,
Et que la terre nous réponde :
Un mortel, un ſeul mortel,
A fait le bonheur du monde.

On danſe.

UNE ROMAINE.

Tout rang, tout ſexe, tout âge
Doit aſpirer au bonheur.

LE CHŒUR.

Tout rang, tout ſexe, tout âge
Doit aſpirer au bonheur.

LA ROMAINE.

Le printems volage,
L'été plein d'ardeur,
L'automne plus ſage,
Raiſon, badinage,
Retraite, grandeur,

Tout

Tout rang, tout sexe, tout âge
Doit aspirer au bonheur.

LE CHŒUR.

Tout rang, &c.

Des Bergers & des Bergères entrent en dansant.

UNE BERGERE.

Ici les plus brillantes fleurs
N'effacent point les violettes ;
Les étendarts & les houlettes
Sont ornés de mêmes couleurs.
Les chants de nos tendres pasteurs
Se mêlent au bruit des trompettes ;
L'amour anime en ces retraites,
Tous les regards & tous les cœurs.

Ici les plus brillantes fleurs
N'effacent point les violettes ;
Les étendarts & les houlettes
Sont ornés des mêmes couleurs.

Les Seigneurs & les Dames Romaines se joignent en dansant aux Bergers & aux Bergères.

UN ROMAIN.

Dans un jour si beau,
Il n'est point d'allarmes ;
Mars est sans armes,
L'amour sans bandeau.

LE CHŒUR.

Dans un jour si beau, &c.

LE ROMAIN.

La Gloire & les Amours en ces lieux n'ont des aîles
  Que pour voler dans nos bras.
La Gloire aux ennemis préfentait nos foldats,
  Et l'Amour les préfente aux belles.

LE CHŒUR.

  Dans un jour fi beau,
  Il n'eft point d'allarmes ;
   Mars eft fans armes,
  L'Amour fans bandeau.

On danfe.

TRAJAN *paraît avec* PLAUTINE, *& tous les Romains fe rangent autour de lui.*

CHŒUR.

  Toi que la victoire
  Couronne en ce jour,
  Ta plus belle gloire
  Vient du tendre amour.

TRAJAN.

O peuples de héros qui m'aimez & que j'aime,
  Vous faites mes grandeurs ;
  Je veux régner fur vos cœurs,
  Sur tant d'appas * & fur moi-même ;

* *Montrant Plautine.*

Montez au haut du ciel, encens que je reçois,
Retournez vers les Dieux, hommages que j'attire :
Dieux, protégez toûjours ce formidable Empire,
  Infpirez toûjours tous fes Rois.

         Mon-

Montez au haut du ciel, encens que je reçois,
Retournez vers les Dieux, hommages que j'attire.

Toutes les différentes troupes recommencent leurs danſes autour de TRAJAN *& de* PLAUTINE, *& terminent la fête par un Ballet général.*

Fin du cinquiéme & dernier acte.

CHARLOT,

CHARLOT,

OU

LA COMTESSE DE GIVRY,

PIÉCE DRAMATIQUE.

1767.

PERSONNAGES.

LA COMTESSE DE GIVRY, veuve attachée au parti de Henri IV.

LE DUC DE BELLEGARDE.

LE MARQUIS, élevé dans le château.

JULIE, parente de la maifon, élevée avec le Marquis.

LA NOURICE.

CHARLOT, fils de la Nourice.

L'INTENDANT de la maifon.

BABET, élevée pour être à la chambre auprès de la Comteffe.

GUILLOT, fils d'un fermier de la terre.

Domeftiques, Couriers, Gardes.

La fcène eft dans le château de la Comteffe de Givry en Champagne.

CHARLOT,
PIÉCE DRAMATIQUE.

ACTE PREMIER.

SCENE PREMIERE.

(*Le théâtre représente une grande salle où des domestiques portent & ôtent des meubles. L'Intendant de la maison est à une table, un courier en bottes à côté. Mad. Aubonne nourice coud, & Babet file à un rouët ; une servante prend des mesures avec une aune, une autre balaye.*)

L'INTENDANT (*écrivant.*)

Quatorze mille écus !.... ce compte perce l'ame....
Ma foi je ne sais plus comment fera Madame
Pour recevoir le Roi qui vient dans ce château.

LE

LE COURIER.

Faut-il attendre ?

L'INTENDANT.

Eh oui.

BABET.

Que ce jour fera beau !
Madame Aubonne ! ici nous le verrons paraître,
Ici, dans ce château, ce grand Roi, ce bon maître !

Mad. AUBONNE (*cousant.*)

Il est vrai.

BABET.

Mais cela devrait vous dérider.
Je ne vous vis jamais que pleurer ou bouder.
Quand tout le monde rit, court, saute, danse, chante,
Notre bonne est toûjours dans sa mine dolente.

Mad. AUBONNE.

Quand on porte lunette, on rit peu, mes enfans.
Ri tant que tu pourras ; chaque chose a son tems.

LE COURIER (*à l'Intendant.*)

Expédiez-moi donc.

L'INTENDANT.

La fête sera chère. . . .
Mais pour ce Prince auguste on ne saurait trop faire.

LE COURIER.

Faites donc vite.

Mad. AUBONNE.

Hélas ! j'espère d'aujourd'hui
Que Charlot mon enfant pourra servir sous lui.

L'INTENDANT.

Le bon Prince !

LE COURIER.
Allons donc.
L'INTENDANT.
La dernière campagne...
Il affiégeait, vous dis-je... une ville... en Champagne...
LE COURIER.
Dépêchez.
L'INTENDANT.
Il était, comme chacun le dit,
Le premier à cheval, & le dernier au lit.
LE COURIER.
Quel bavard !
L'INTENDANT.
On avait, fous peine de la vie,
Défendu qu'on portât à la ville inveftie
Provifion de bouche.
LE COURIER.
Aura-t-il bientôt fait ?
L'INTENDANT.
Trois jeunes payfans, par un chemin fecret,
En ayant apporté, s'étaient laiffés furprendre :
Leur procès était fait, & l'on allait les pendre.

(*Mad. Aubonne & Babet s'approchent pour entendre ce conte, deux domeftiques qui portaient des meubles les mettent par terre, & tendent le cou ; une fervante qui balayait, s'approche, & écoute en s'appuyant le menton fur le manche du balai.*)

Mad. AUBONNE (*fe levant.*)
Les pauvres gens !
BABET.
Eh bien ?

LE COURIER.
Achevez donc.
L'INTENDANT (*écrivant.*)
Le Roi....,
Quatorze mille écus en six mois...
LE COURIER.
Sur ma foi,
Je n'y puis plus tenir.
L'INTENDANT (*écrivant.*)
Je m'y perds quand j'y pense!....
Le Roi les rencontra....son auguste clémence....
BABET.
Leur fit grace sans doute ?
(*Ici tout le monde fait un cercle autour de l'Intendant.*)
L'INTENDANT.
Hélas! il fit bien plus,
Il leur distribua ce qu'il avait d'écus.
Le Béarnois, dit-il, est mal en équipage,
Et s'il en avait plus, vous auriez davantage.
Tous ensemble.
Le bon Roi! Le grand Roi!
L'INTENDANT.
Ce n'est pas tout: le pain
Manquait dans cette ville, on y mourait de faim;
Il la nourrit lui-même en l'assiégeant encore.
(*Il tire son mouchoir & s'essuye les yeux.*)
LE COURIER.
Vous me faites pleurer.
Mad. AUBONNE.
Je l'aime.

BA-

BABET.
              Je l'adore.
     L'INTENDANT.
Je me souviens aussi qu'en un jour solemnel
Un grave ambassadeur, je ne sais plus lequel,
Vit sa jeune noblesse admise à l'audience
L'entourer, le presser sans trop de bienséance.
Pardonnez, dit le Roi, ne vous étonnez pas ;
Ils me pressent de même au milieu des combats.
     LE COURIER.
Ça donne du désir d'entrer à son service.
     BABET.
Oui, ça m'en donne aussi.
     L'INTENDANT.
             Qu'en dites-vous, nourice ?
  Mad. AUBONNE (*se remettant à l'ouvrage.*)
Ah ! j'ai bien d'autres soins.
     L'INTENDANT.
                Je prétens aujourd'hui
Vous faire en l'attendant trente contes de lui.
Un soir près d'un couvent....
     LE COURIER.
             Mais donnez donc la lettre.
     L'INTENDANT.
C'est bien dit.... la voilà.... tu pourras la remettre
Au premier des fouriers que tu rencontreras :
Tu partiras en hâte, en hâte reviendras.
Madame de Givry veut savoir à quelle heure
Il doit de sa présence honorer sa demeure....
Quatorze mille écus !.... & cela clair & net !....
On en doit la moitié.... Va vite.

K 2

LE COURIER.

Adieu, Babet. (*il fort.*)

BABET, (*reprenant fon rouët.*)
La nourice toûjours dans fon chagrin perfifte !
Faites-lui quelque conte.

L'INTENDANT.

On voit ce qui l'attrifte.
Notre jeune Marquis que la bonne a nourri,
Eft un grand garnement, & j'en fuis bien marri.

Mad. AUBONNE.
Je le fuis plus que vous.

L'INTENDANT.

Votre fils au contraire,
Refpectueux, poli, cherche toûjours à plaire.

BABET.
Charlot eft, je l'avouë, un fort joli garçon.

Mad. AUBONNE.
Notre Marquis pourra fe corriger.

L'INTENDANT.

Oh non ;
Il n'a point d'amitié ; le mal eft fans remède.

Mad. AUBONNE (*coufant.*)
A l'éducation tout tempérament cède.

L'INTENDANT (*écrivant.*)
Les vices de l'efprit peuvent fe corriger ;
Quand le cœur eft mauvais, rien ne peut le changer.

SCENE II.

Les femmes, GUILLOT (*accourant.*)

GUILLOT.

AH! le méchant Marquis! comme il est mal-honnête!

Mad. AUBONNE.

Eh bien, de quoi viens-tu nous étourdir la tête?

GUILLOT.

De deux larges soufflets dont il m'a fait préfent.
C'est le seul qu'il m'ait fait, du moins jusqu'à présent.
Passe encor pour un seul; mais deux!

BABET.

     Bon, c'est de joye
Qu'il t'aura souffleté; tout le monde est en proye
A des transports si grands en attendant le Roi,
Qu'on ne sait où l'on frappe.

Mad. AUBONNE.

     Allons, console-toi.

L'INTENDANT (*écrivant.*)

La chose est mal pourtant.... Madame la Comtesse
N'entend pas que l'on fasse une telle caresse
A ses gens; & Guillot est le fils d'un fermier
Homme de bien.

GUILLOT.

Sans doute.

L'INTENDANT.

    Et fort lent à payer.

GUILLOT.

Ça peut être.

L'INTENDANT.
Guillot est d'un bon caractère.
GUILLOT.
Oui.
L'INTENDANT.
C'est un innocent.
GUILLOT.
Pas tant.
BABET.
Qu'as-tu pû faire
Pour acquérir ainsi deux soufflets du Marquis ?
GUILLOT.
Il est jaloux, il t'aime.
BABET.
Est-il bien vrai ?.... tu dis
Que je plais à Monsieur ?
GUILLOT.
Oh tu ne lui plais guère ;
Mais il t'aime en passant quand il n'a rien à faire.
Je dois, comme tu sais, épouser tes attraits ;
Et pour présent de noce il donne des soufflets.
BABET.
Monsieur m'aimerait donc !
Mad. AUBONNE.
Quelle sotte folie !
Le Marquis est promis à la belle Julie,
Cousine de Madame, & qui dans la maison
Est un modèle heureux de beauté, de raison,
Que j'élevai longtems, que je formai moi-même :
C'est pour lui qu'on la garde, & c'est elle qu'il aime.
GUILLOT.
Oh bien, il en veut donc avoir deux à la fois.

Ces

Ces jeunes grands Seigneurs ont de terribles droits;
Tout doit être pour eux, femmes de cour, de ville,
Et de village encor. Ils en ont une file;
Ils vous écrément tout, & jamais n'aiment rien.
Qu'ils me laissent Babet; parbleu chacun le sien.

BABET.

Tu m'aimes donc vraiment!

GUILLOT.

Oui de tout mon courage;
Je t'aime tant, vois-tu, que quand sur mon passage
Je vois passer Charlot, ce garçon si bien fait,
Quand je vois ce Charlot regardé par Babet,
Je rendrais, si j'osais, à son joli visage
Les deux pesans soufflets que j'ai reçus en gage.

Mad. AUBONNE.

Des soufflets à mon fils!

GUILLOT.

Eh... j'entens si j'osais....
Mais Charlot m'en impose, & je n'ose jamais.

L'INTENDANT (*se levant.*)

Jamais je ne pourrai suffire à la dépense.
Ah! tous les grands Seigneurs se ruïnent en France;
Il faut couper des bois, emprunter chérement,
Et l'on s'en prend toûjours à Monsieur l'Intendant...
Ça, je vous disais donc qu'auprès d'une Abbaïe
Une vieille Baronne, & sa fille jolie,
Appercevant le Roi qui venait tout courant...
Le Duc de Bellegarde était son confident:
C'est un brave Seigneur, & que partout on vante;

K 4 Madame

Madame la Comtesse est sa proche parente :
De notre belle fête il sera l'ornement.

SCENE III.

Les acteurs précédens, LE MARQUIS. *(Tous se lèvent.)*

LE MARQUIS.

MOn vieux faiseur de conte, il me faut de l'argent.
Bon jour, belle Babet, bon jour, ma vieille bonne....
  (*à Guillot.*)
Ah ! te voilà, maraut ; si jamais ta personne
S'approche de Babet, & surtout moi présent,
Pour te mieux corriger je t'assomme à l'instant.

GUILLOT.

Quel diable de Marquis !

LE MARQUIS.

    Va, détale.

BABET.

     Eh de grace,
Un peu moins de colère, un peu moins de menace.
Que vous a fait Guillot ?

Mad. AUBONNE.

    Tant de brutalité
Sied horriblement mal aux gens de qualité.
Je vous l'ai dit cent fois ; mais vous n'en tenez compte.
Vous me faites mourir de douleur & de honte.

LE MARQUIS.

Allez, vous radotez.... Monsieur Rente à l'instant,
Qu'on me fasse donner six cent écus comptant.

L'INTENDANT.

Je n'en ai point, Monsieur.

LE MARQUIS.

Ayez-en, je vous prie;
Il m'en faut pour mes chiens & pour mon écurie,
Pour mes chevaux de chasse, & pour d'autres plaisirs.
J'ai très peu d'écus d'or, & beaucoup de désirs.
Monsieur mon trésorier, déboursez, le tems presse.

L'INTENDANT.

A peine émancipé vous épuisez ma caisse.
Quel tems prenez-vous là ! quoi dans le même jour
Où le Roi vient chez vous avec toute sa cour !
Songez-vous bien aux fraix où tout nous précipite ?

LE MARQUIS.

Je me passerais fort d'une telle visite.
Mon petit précepteur que l'on vient d'éloigner,
M'avait dit que ma mère allait me ruiner :
Je vois qu'il a raison.

Mad. AUBONNE.

Fi ! quel discours infame !
Soyez plus généreux ; respectez plus Madame.
Je ne m'attendais pas, quand je vous allaitai,
Que vous auriez un cœur si plein de dureté.

LE MARQUIS.

Vous m'ennuyez.

Mad. AUBONNE (*pleurant.*)

L'ingrat !

GUILLOT (*dans un coin.*)

Il a l'ame bien dure,
Les mains aussi.

BABET.
Toûjours il nous fait quelque injure.
Vous n'aimez pas le Roi ! vous méchant !
LE MARQUIS.
Eh fi fait.
BABET.
Non, vous ne l'aimez pas.
LE MARQUIS.
Si, te dis-je, Babet.
Je l'aime.... comme il aime.... affez peu, c'eft l'ufage.
Mais je t'aime bien plus.
L'INTENDANT (*écrivant.*)
Et l'argent davantage.
LE MARQUIS (*à Guillot qui eft dans un coin.*)
Donnez m'en donc bien vite.... Ah, ah, je t'apperçoi,
Atten-moi, malheureux !

SCENE IV.

Les acteurs précédens, LA COMTESSE.

LA COMTESSE.

EH ! qu'eft-ce que je voi ?
Je le cherche partout : que fes mœurs font ruftiques !
Je le trouve toûjours parmi des domeftiques.
Il fe plait avec eux, il m'abandonne.
Mad. AUBONNE.
Hélas !
Nous l'envoyons à vous ; mais il n'écoute pas.
Il me traite bien mal.

LA COMTESSE.

Confolez-vous, nourice,
Mon cœur en tous les tems vous a rendu juftice,
Et mon fils vous la doit : on pourra l'attendrir.

Mad. AUBONNE.

Ah! vous ne favez pas ce qu'il me fait fouffrir.

LA COMTESSE.

Je fais qu'en fon berceau, dans une maladie,
Etant cru mort longtems, vous fauvates fa vie.
Il en doit à jamais garder le fouvenir.
S'il ne vous aimait pas, qui pourrait-il chérir ?
Laiffez-moi lui parler.

Mad. AUBONNE.

Dieu veuille que Madame,
Par fes foins maternels amolliffe fon ame !

LE MARQUIS.

Que de contrainte !

LA COMTESSE (*à l'Intendant.*)

Et vous, tout eft-il préparé ?
Vous favez de vos foins combien je vous fais gré.

L'INTENDANT.

Madame tout eft prêt, mais la dépenfe eft forte;
Cela pourra monter tout au moins....à...

LA COMTESSE.

Qu'importe ?
Le cœur ne compte point, & rien ne doit coûter,
Lorfque le grand Henri daigne nous vifiter.

(*à fes gens.*)

Laiffez-moi, je vous prie.

(*ils fortent.*)

SCENE

SCÈNE V.
LA COMTESSE, LE MARQUIS.

LA COMTESSE.

Il est tems qu'une mère,
Que vous écoutez peu, mais qui ne doit rien taire,
Dans l'âge où vous entrez, sans plainte & sans rigueur,
Parle à votre raison & sonde votre cœur.
Je veux bien oublier que depuis votre enfance
Vous avez repoussé ma tendre complaisance ;
Que vos maîtres divers & votre précepteur,
Par leurs soins vigilans révoltant votre humeur,
Vous présentant à tout, n'ont pû rien vous apprendre :
Tandis qu'à leurs leçons empressé de se rendre,
Le fils de la nourice à qui vous insultiez,
Apprenait aisément ce que vous négligiez ;
Et que Charlot toûjours prompt à me satisfaire,
Faisait assidûment ce que vous deviez faire.

LE MARQUIS.

Vous l'oubliez, Madame, & m'en parlez souvent.
Charlot est, je l'avouë, un héros fort savant.
Je consens pleinement que Charlot étudie,
Que Guillot aille aussi dans quelque académie ;
La doctrine est pour eux, & non pour ma maison.
Je hais fort le Latin ; il déroge à mon nom ;
Et l'on a vu souvent, quoi qu'on en puisse dire,
De très bons officiers qui ne savaient pas lire.

PIECE DRAMATIQUE.

LA COMTESSE.

S'ils l'avaient fû, mon fils, ils en feraient meilleurs.
J'en ai connu beaucoup, qui poliffant leurs mœurs,
Des beaux arts avec fruit ont fait un noble ufage.
Un efprit cultivé ne nuit point au courage.
Je fuis loin d'exiger qu'aux loix de fon devoir
Un officier ajoute un trifte & vain favoir.
Mais fachez que ce Roi, qu'on admire & qu'on aime,
A l'efprit très orné.

LE MARQUIS.

Je ne fuis pas de même.

LA COMTESSE.

Songez à le fervir à la guerre, à la cour.

LE MARQUIS.

Oui, j'y fonge.

LA COMTESSE.

Il faudra que dans cet heureux jour
De fa royale main fa bonté ratifie
Le contract qui vous doit engager à Julie.
Elle eft votre parente, & doit plaire à vos yeux,
Aimable, jeune, riche.

LE MARQUIS.

Elle eft riche ? tant mieux ;
Marions - nous bientôt.

LA COMTESSE.

Se peut-il à votre âge
Que du feul intérêt vous parliez le langage !

LE MARQUIS.

Oh j'aime auffi Julie ; elle a bien des appas ;
Elle me plaît beaucoup : mais je ne lui plais pas.

LA COMTESSE.

Ah mon fils, apprenez du moins à vous connaître.
Vos discours, votre ton la révoltent peut-être.
On ne réussit point sans un peu d'art flatteur,
Et la grossiéreté ne gagne point un cœur.

LE MARQUIS.

Je suis fort naturel.

LA COMTESSE.

Oui ; mais soyez aimable.
Cette pure nature est fort insupportable.
Vos pareils sont polis, pourquoi ? c'est qu'ils ont eu
Cette éducation qui tient lieu de vertu :
Leur ame en est empreinte ; & si cet avantage
N'est pas la vertu même, il est sa noble image.
Il faut plaire à sa femme ; il faut plaire à son Roi,
S'oublier prudemment, n'être point tout à soi,
Dompter cette humeur brusque où le penchant vous livre.
Pour vivre heureux, mon fils, que faut-il ? savoir vivre.

LE MARQUIS.

Pour le Roi, nous verrons comme je m'y prendrai :
Julie est autre chose, elle est fort à mon gré.
Mais je ne puis souffrir, s'il faut que je le dise,
Que le savant Charlot la suive & la courtise ;
Il lui fait des chansons.

LA COMTESSE.

Vous vous moquez de nous,
Votre frère de lait vous rendrait-il jaloux ?

LE MARQUIS.

Oui ; je ne cache point que je suis en colère
Contre tous ces gens là qui cherchent tant à plaire.
Je n'aime point Charlot ; on l'aime trop ici.

LA COMTESSE.

Auriez-vous bien le cœur à ce point endurci ?
Cela ne se peut pas. Ce jeune homme estimable
Peut-il par son mérite être envers vous coupable ?
Je dois tout à sa mère, oui, je luis dois mon fils :
Aimez un peu le sien. Du même lait nourris,
L'un doit protéger l'autre ; ayez de l'indulgence,
Ayez de l'amitié, de la reconnaissance ;
Si vous étiez ingrat, que pourrais-je espérer ?
Pour ne vous point haïr il faudrait expirer.

LE MARQUIS.

Ah ! vous m'attendrissez, Madame, je vous jure
De respecter toûjours mon devoir, la nature,
Vos sentimens.

LA COMTESSE.

Mon fils, j'aurais voulu de vous,
Avec tant de respect, un mot encor plus doux.

LE MARQUIS.

Oui, le respect s'unit à l'amour qui me touche.

LA COMTESSE.

Dites le donc du cœur ainsi que de la bouche.

SCENE VI.

LA COMTESSE, LE MARQUIS, CHARLOT.

LA COMTESSE.

Venez, mon bon Charlot. Le Marquis m'a promis
Qu'il serait désormais de vos meilleurs amis.

LE MARQUIS (*se détournant.*)

Je n'ai point promis ça.

LA COMTESSE.

     Ce grand jour d'allégresse
Ne pourra plus laisser de place à la tristesse.
Où donc est votre mère?

    CHARLOT.
      Elle pleure toûjours;
Et j'implore pour moi votre puissant secours,
Votre protection, vos bontés toûjours chères,
Et ce chœur digne en tout de ses augustes pères.
Madame, vous savez qu'à Monsieur votre fils,
Sans me plaindre un moment, je fus toûjours soumis.
Vivre à vos pieds, Madame, est ma plus forte envie.
Le héros des Français, l'appui de sa patrie,
Le Roi des cœurs bien nés, le Roi qui des ligueurs
A par tant de vertus confondu les fureurs;
Il vient chez vous, il vient dans vos belles retraites;
Et ce n'est que pour lui que des lieux où vous êtes
Mon ame en gémissant se pourrait arracher.
La fortune n'est pas ce que je veux chercher.
Pardonnez mon audace, excusez mon jeune âge.
On m'a si fort vanté sa bonté, son courage,
Que mon cœur tout de feu porte envie aujourd'hui
A ces heureux Français qui combattent sous lui.
Je ne veux point agir en soldat mercénaire;
Je veux auprès du Roi servir en volontaire,
Hazarder tout mon sang; sûr que je trouverai
Auprès de vous, Madame, un asyle assuré.
Daignez-vous approuver le parti que j'embrasse?

    LA COMTESSE.
Va, j'en ferais autant si j'étais à ta place.

Mon fils sans doute aura pour servir sous sa loi
Autant d'empressement & de zèle que toi.

LE MARQUIS.

Eh mon Dieu! oui. Faut-il toûjours qu'on me compare
A notre ami Charlot ? l'accolade est bizarre.

LA COMTESSE.

Aimez-le, mon cher fils ; que tout soit oublié.
Ça donnez-lui la main pour marque d'amitié.

LE MARQUIS.

Eh bien la voilà.... mais....

LA COMTESSE.

     Point de mais

CHARLOT *prend la main du Marquis, & la baise.*

       Je révère,
J'ose chérir en vous Madame votre mère.
Jamais de mon devoir je n'ai trahi la voix ;
Je vous rendrai toûjours tout ce que je vous dois.

LE MARQUIS.

Va.... je suis très content.

LA COMTESSE.

     Son bon cœur se déclare ;
Le mien s'épanouît.... Quel bruit, quel tintamare !

SCENE VII.

Les acteurs précédens. Plusieurs domestiques en livrée, & d'autres gens entrent en foule. Guillot, Babet, sont des premiers. Julie, la nourice dans le fond, elles arrivent plus lentement. La Comtesse de Givry est sur le devant du théâtre avec le Marquis & Charlot.

GUILLOT (*accourant.*)

Le Roi vient.

PLUSIEURS DOMESTIQUES.

C'est le Roi.

GUILLOT.

C'est le Roi, c'est le Roi.

BABET.

C'est le Roi ; je l'ai vû tout comme je vous vois.
Il était encor loin, mais qu'il a bonne mine !

GUILLOT.

Donne-t-il des soufflets ?

LA COMTESSE.

A peine j'imagine
Qu'il arrive si-tôt ; c'est ce soir qu'on l'attend ;
Mais sa bonté prévient ce bienheureux instant.
Allons tous.

JULIE.

Je vous suis.... je rougis ; ma toilette
M'a trop longtems tenuë, & n'est pas encor faite.
Est-ce bien déja lui ?

GUILLOT.

Ne le voyez-vous pas

Qui vers la baſſe-cour avance avec fracas ?
BABET.
Il eſt très beau.... C'eſt lui. Les filles du village
Trottent toutes en foule, & ſont ſur ſon paſſage.
J'y vais auſſi, j'y vole.
LA COMTESSE.
Oh je n'entens plus rien.
JULIE.
Ce n'eſt pas lui.
BABET (*allant & venant.*)
C'eſt lui.
GUILLOT.
Je m'y connais fort bien.
Tout le monde m'a dit, *c'eſt lui*, la choſe eſt claire.
L'INTENDANT (*arrivant à pas comptés.*)
Ils ſe ſont tous trompés ſelon leur ordinaire.
Madame, un poſtillon que j'avais fait partir
Pour s'informer au juſte, & pour vous avertir,
Vous ramenait en hâte une troupe altérée,
Moitié déguenillée, & moitié ſurdorée,
D'excellens pâtiſſiers, d'acteurs Italiens,
Et des danſeurs de corde, & des muſiciens;
Des flûtes, des hautbois, des cors, & des trompettes,
Des faiſeurs d'acroſtiche & des marionettes.
Tout le monde a crié *le Roi* ſur les chemins;
On le crie au village & chez tous les voiſins;
Dans votre baſſe-cour on s'obſtine à le croire.
Et voila juſtement comme on écrit l'hiſtoire.
GUILLOT.
Nous voila tous bien ſots !

LA COMTESSE.
　　　　　Mais quand vient-il ?
L'INTENDANT.
　　　　　　　　　　Ce soir.
LA COMTESSE.
Nous aurons tous le tems de le bien recevoir.
Mon fils, donnez la main à la belle Julie.
Bon soir, Charlot.
　　　　LE MARQUIS.
　　　　Mon Dieu ! que ce Charlot m'ennuye !
(*Ils sortent : la Comtesse reste avec la nourice.*)
　　　　LA COMTESSE.
Vien, ma chère nourice, & ne soupire plus.
A bien placer ton fils mes vœux sont résolus.
Il servira le Roi, je ferai sa fortune.
Je veux que cette joye à nous deux soit commune;
Je voudrais contenter tout ce qui m'appartient,
Vous rendre tous heureux ; c'est là ce qui soutient,
C'est là ce qui console & qui charme la vie.
　　　　Mad. AUBONNE.
Vous me rendez confuse, & mon ame attendrie
Devrait mériter mieux vos extrêmes bontés.
　　　　LA COMTESSE.
Qui donc en est plus digne ?
　　　　Mad. AUBONNE (*tristement.*)
　　　　Ah !
　　　　LA COMTESSE.
　　　　　　　Nos félicités
S'altèrent du chagrin que tu montres sans cesse.
　　　　Mad. AUBONNE.
Ce beau jour, il est vrai, doit bannir la tristesse.

LA

LA COMTESSE.

Va, fai danser nos gens avec les violons.
Ton fils nous aidera.

Mad. AUBONNE.

Mon fils!....Madame...allons.

Fin du premier acte.

ACTE

ACTE II.

SCENE PREMIERE.

JULIE, Mad. AUBONNE, CHARLOT.

JULIE.

ENfin, je le verrai ce charmant Henri quatre,
Ce Roi brave & clément qui fait plaire & combattre,
Qui conquit à la fois son Royaume & nos cœurs,
Pour qui Mars & l'Amour n'ont point eu de rigueurs,
Et qui fait triompher, si j'en crois les nouvelles,
Des ligueurs, des Romains, des héros & des belles.

CHARLOT (*dans un coin.*)
Elle aime ce grand homme, elle est tout comme moi.

JULIE.
Lisette à me parer a réussi, je croi.
Comment me trouvez-vous ?

Mad. AUBONNE.
     Très belle, & très bien mise.
Vous seriez peu fâchée, excusez ma franchise,
D'essayer tant d'appas, & d'arrêter les yeux
D'un héros couronné, partout victorieux.

JULIE.
Oui, ses yeux seulement.... il a le cœur fort tendre :
On me l'a dit du moins.... je n'y veux point prétendre ;
Je ne veux avoir l'air ni prude ni coquet.....
           Eh

Eh mon Dieu ! j'apperçois qu'il me manque un bouquet.
CHARLOT. (*il sort.*)
Un bouquet ! allons vite.
Mad. AUBONNE.
Eh bien, belle Julie,
Ce grand Prince ici même aujourd'hui vous marie ;
Il signera du moins le contract projetté,
Qui sera par Madame avec vous préfenté.
Vous semblez n'y penser qu'avec indifférence,
Et je crois entrevoir un peu de répugnance.

JULIE.
Hélas ! comment veut-on que mon cœur soit touché ?
Qu'il se donne à celui qui ne l'a point cherché ?
Par la digne Comtesse en ces murs élevée,
Conduite par vos soins, à son fils réservée,
Je n'ai jamais dans lui trouvé jusqu'à ce jour,
Le moindre sentiment qui ressemble à l'amour.
Il n'a jamais montré ces douces complaisances,
Qui d'un peu de tendresse auraient les apparences.
Il est sombre, il est dur, il me doit allarmer ;
Il sait être jaloux, & ne sait point aimer.
J'aime avec passion sa vertueuse mère.
Le fils me fait trembler ; quel triste caractère !
Ses airs, & son ton brusque, & sa grossiéreté,
Affligent vivement ma sensibilité.
D'un noir pressentiment je ne puis me défendre.
La nature me fit une ame honnête & tendre.
J'aurais voulu chérir mon mari.

Mad. AUBONNE.
Parlez net :

Développez un cœur qui se cache à regret.
Le Marquis est haï ?

JULIE.

Tout autant qu'haïssable ;
C'est une aversion qui n'est pas surmontable.
A sa mère après tout je ne puis l'avouër.
De quinze ans de bontés je dois trop me louër ;
Je percerais son cœur d'une atteinte cruelle :
Je ne puis la tromper, ni m'ouvrir avec elle.
Voilà mes sentimens, mes chagrins & mes vœux.

Mad. AUBONNE.

Ce mariage là fera des malheureux.
Ah ! comment nous tirer du fond du précipice ?

JULIE.

Et moi que devenir ? comment faire, nourice ?
Tu ne me réponds point, tu rêves tristement,
Ma chère Aubonne !

Mad. AUBONNE.

Eh bien ?

JULIE.

Pourrais-tu prudemment
Engager la Comtesse à différer la chose ?
Tu sais la gouverner, ton avis en impose ;
Par tes discours flatteurs tu pourrais l'amener
A me laisser le tems de me déterminer.....
Mais répon donc.

Mad. AUBONNE.

Hélas !.... oui, ma belle Julie....
Votre demande est juste.... elle sera remplie.

SCENE

SCENE II.

JULIE, Mad. AUBONNE, CHARLOT.

CHARLOT.
Madame, j'ai trouvé chez vous votre bouquet.

JULIE.
Ce n'est point là le mien ; le vôtre est bien mieux fait,
Mieux choisi, plus brillant.... Que votre fils, ma bonne,
Est galant & poli !.... Tous les jours il m'étonne.
Est-il vrai qu'il nous quitte ?

Mad. AUBONNE.
Il veut servir le Roi.

JULIE.
Nous le regretterons.

CHARLOT.
Je fais ce que je dois.
Il m'eût été bien doux de consacrer ma vie
A servir dignement la divine Julie.
Heureux qui recherchant la gloire & le danger,
Entre un héros & vous pourrait se partager !
Heureux à qui l'éclat d'une illustre naissance
A permis de nourrir cette noble espérance !
Pour moi qu'aux derniers rangs le fort veut captiver,
Vers la gloire de loin si je peux m'élever,
Si quelque occasion, quelque heureux avantage,
Peut jamais pour mon Prince exercer mon courage,
De vous, de vos bontés je voudrais obtenir
Pour prix de tout mon sang un léger souvenir.

JULIE.

JULIE.

Ah! je me souviendrai de vous toute ma vie.
Elevée avec vous, moi que je vous oublie!
Mais vous ne quittez point la maison pour jamais.
Madame la Comtesse, & ses dignes bienfaits,
Une très bonne mère, & s'il le faut, moi-même,
Tout vous doit rappeller, tout le château vous aime.
Ma bonne, ordonnez-lui de revenir souvent.

Mad. AUBONNE (*en soupirant.*)

Je ne souffrirai pas un long éloignement.

CHARLOT.

Ah! ma mère, à mon cœur il manque l'éloquence.
Peignez-lui les transports de ma reconnaissance;
Faites-moi mieux parler que je ne puis.

JULIE.
      Charlot....
Non.... Monsieur....mon ami....ma mère....que ce mot....
De Charlot.... convient mal... à toute sa personne!

Mad. AUBONNE.

Oh les mots n'y font rien.... mais vous êtes trop bonne.

JULIE.

Charlot... ma bonne!....

Mad. AUBONNE.
Eh quoi?

JULIE.
      D'où vient que votre fils
Est différent en tout de Monsieur le Marquis?
L'art n'a rien pû sur l'un. Dans l'autre la nature
Semble avoir répandu tous ses dons sans mesure.

Mad. AUBONNE.

Vous le flattez beaucoup.

           JULIE.

PIECE DRAMATIQUE.

JULIE.

Le Roi vient aujourd'hui ;
Je dois avoir l'honneur de danſer avec lui....
Je voudrais repéter....Vous danſez comme un ange.

CHARLOT.

Je ne mérite pas...

JULIE.

Cela n'eſt point étrange ;
Vous avez réuſſi dans les jeux, dans les arts,
Qui de nos courtiſans attirent les regards ;
Les armes, le deſſein, la danſe, la muſique,
Enfin dans toute étude où votre eſprit s'applique ;
Et c'eſt pour votre mère un plaiſir bien parfait....
Je cherche à m'affermir dans le pas du menuet..
Et je danſerai mieux vous ayant pour modèle.

CHARLOT.

Ah ! vous ſeule en ſervez... mais le reſpect, le zèle
Me forcent d'obéïr. Il faut un violon,
Je cours en chercher un, s'il vous plait.

JULIE.

Mon Dieu non....
Vous chantez à merveille : & votre voix, je penſe,
Bien mieux qu'un violon marquera la cadence ;
Aſſeyez-vous, ma mère, & voyez votre fils.

Mad. AUBONNE.

De tout ce que je vois mon cœur n'eſt point ſurpris.

(*Elle s'aſſied ; ils danſent, & Charlot chante.*)

Elle donne des loix
Aux Bergers, aux Rois,
A ſon choix.
Elle donne des loix

Aux

Aux Bergers, aux Rois.
Qui pourrait l'approcher,
Sans chercher
Le danger ?
On meurt à ses yeux sans espoir.
On meurt de ne les plus voir.
Elle donne des loix
Aux Bergers, aux Rois.

JULIE (*après avoir dansé un seul couplet.*)

Vous êtes donc l'auteur de la chanson ?

CHARLOT.

Madame,
C'est un faible portrait d'une timide flamme.
Les vers étaient à l'air assez mal ajustés.
Par votre goût sans doute ils seront rejettés.

JULIE.

Ils n'offensent personne.... ils ne peuvent déplaire;
Ils ne peuvent surtout exciter ma colère.
Ils ne sont pas pour moi.

CHARLOT.

Pour vous !.... je n'oserais
Perdre ainsi le respect, profaner vos attraits.

JULIE.

Une seconde fois je puis donc les entendre....
Achevons la leçon que de vous je veux prendre.

Mad. AUBONNE.

Ils me font tous les deux un extrême plaisir.
Je voudrais que Madame en pût aussi jouïr.

JULIE *recommence à danser avec Charlot qui répète l'air.*

Elle donne des loix
Aux Bergers, aux Rois, &c.

Majeur.

Vous seule ornez ces lieux.
Des Rois & des Dieux
Le maître est dans vos yeux.
Ah ! si de votre cœur
Il était vainqueur,
Quel bonheur !
Tout parle en ce beau jour
D'amour.
Un Roi brave & galant,
Charmant,
Partage avec vous
L'heureux pouvoir de régner sur nous.
Elle donne des loix &c.
On meurt à ses yeux sans espoir,
On meurt de ne les plus voir.

SCENE III.

LE MARQUIS *entre, & les voit danser, pendant que* Mad. AUBONNE *est assise, & s'occupe à coudre.*

LE MARQUIS.

Meurt de ne les plus voir !.... Notre belle héritière,
Avec Monsieur Charlot vous êtes familière.
Vous dansez aux chansons dans un coin du logis.

CHARLOT.

Pourquoi non ?

JULIE.

Mais je crois qu'il m'est assez permis

De

De prendre quand je veux, devant Madame Aubonne,
Pour danser un menuet la leçon qu'il me donne.
>> LE MARQUIS.

Il donne des leçons ! vraiment il en a l'air.
Profitez-vous beaucoup ? & les payez-vous cher ?
>> JULIE.

J'en dois avoir, Monsieur, de la reconnaissance.
Si vous êtes fâché de cette préférence,
Si mon petit menuet vous donne quelque ennui,
Que n'avez-vous appris.... à danser comme lui !
>> LE MARQUIS.

Ouais !
>> CHARLOT.

Modérez, Monsieur, votre injuste colère,
Vous aviez assuré votre adorable mère,
Que d'un peu d'amitié vous vouliez m'honorer :
Mon cœur la méritait : il l'osait espérer.

(*en montrant Julie.*)

Ce noble & digne objet, respectable à vous-même,
M'a chargé dans ces lieux de son ordre suprême.
Ses ordres sont sacrés : chacun doit les remplir.
En la servant, Monsieur, j'ai cru vous obéir.
>> Mad. AUBONNE.

C'est très bien riposté ; Charlot doit le confondre.
>> LE MARQUIS.

Quand ce drôle a parlé, je ne sais que répondre.
Ecoute, mon garçon ; je te défens... à toi

(*Charlot le regarde fixement.*)

De montrer quand j'y suis de l'esprit plus que moi.
>> Mad. AUBONNE.

Quelle idée !

>> JULIE

JULIE.
Eh comment faudra-t-il donc qu'il faſſe ?
LE MARQUIS.
Il m'offuſque toûjours. Tant d'inſolence laſſe.
Je ne le puis ſouffrir près de vous... en un mot,
Je n'aime point du tout qu'on danſe avec Charlot.
JULIE.
Ma bonne, à quel mari je me verrais livrée !
Allez, votre colère eſt trop prématurée.
Je n'ai point de reproche à recevoir de vous,
Et je n'aurai jamais un tyran pour époux.
Mad. AUBONNE.
Eh bien, vous méritez une telle algarade.
Vous vous faites haïr..... Monſieur, prenez-y garde.
Vous n'êtes ni poli, ni bon, ni circonſpect :
Vous deviez à Julie un peu plus de reſpect,
Plus d'égards à Charlot, à moi plus de tendreſſe ;
Mais....
LE MARQUIS.
Quoi ! toûjours Charlot ! que tout cela me bleſſe !
Sortez, & devant moi ne paraiſſez jamais.
JULIE.
Mais, Monſieur.
LE MARQUIS (*menaçant Charlot.*)
Si.
CHARLOT.
Quoi ! ſi.
Mad. AUBONNE (*ſe mettant entre deux.*)
Mes enfans, paix, paix, paix ;
Eh mon Dieu ! je crains tout.

LE MARQUIS.

Sors d'ici tout-à-l'heure;
Je te l'ordonne.
JULIE.
Et moi j'ordonne qu'il demeure.
CHARLOT.
A tous les deux, Monsieur, je fais ce que je dois;
(*en regardant Julie.*)
Mais enfin j'ai fait vœu de suivre en tout sa loi.
LE MARQUIS.
Ah! c'en est trop, faquin.
CHARLOT.

C'en est trop, je l'avouë :
Et sur votre alphabet je doute qu'on vous louë.
Il paraît que le lait dont vous fûtes nourri,
Dans votre noble sang s'est un peu trop aigri.
De vos expressions j'ai l'ame assez frappée.
A mon côté, Monsieur, si j'avais une épée,
Je crois que vous seriez assez sage, assez grand,
Pour m'épargner peut-être un si doux compliment.
LE MARQUIS.
Quoi! misérable....
JULIE.
Encor!
Mad. AUBONNE.

Allez, mon fils, de grace,
Ne l'effarouchez point, & quittez-lui la place;
Tout ira bien, cédez, quoique très offensé.
CHARLOT.
Ma mère.... j'obéis.... mais j'ai le cœur percé.

(*il sort.*)

Mad.

Mad. AUBONNE.

Ah! c'en eſt fait, mon ſang ſe glace dans mes veines.

JULIE.

Mon ſang, ma chère amie, eſt bouillant dans les miennes.

LE MARQUIS.

Dans ce nouveau combat du froid avec le chaud,
Me retirer en hâte eſt, je crois, ce qu'il faut.
Je n'aurais pas beau jeu. C'eſt une étrange affaire,
De combattre à la fois deux femmes en colère.

SCENE IV.

JULIE, Mad. AUBONNE.

Mad. AUBONNE.

Non, vous n'aurez jamais ce brutal de Marquis;
Ces nœuds infortunés ſont trop mal aſſortis.

JULIE.

Quoi! tu me ſerviras?

Mad. AUBONNE.

Je réponds que ſa mère
Briſera ce lien qui doit trop vous déplaire....
M'y voila réſoluë.

JULIE.

Ah! que je te devrai!

Mad. AUBONNE.

O fortune! ô deſtin! que tout change à ton gré!
Du public cependant reſpectons l'allégreſſe.
Trop de monde à préſent entoure la Comteſſe.
Comment parler? comment, par un trouble cruel,
Contriſter les plaiſirs d'un jour ſi ſolemnel?

Nouv. Mél. V. Part. M

JULIE.

Je le sais, & je crains que mon refus la blesse.
Pour ce fils que je hais je connais sa tendresse.

Mad. AUBONNE.

D'un coup trop imprévu n'allons point l'accabler....
Je n'ai jamais rien fait que pour la consoler.

JULIE.

La nature, il est vrai, parle beaucoup en elle.

Mad. AUBONNE.

Elle peut s'aveugler.

JULIE.

Je compte sur ton zèle,
Sur tes conseils prudens, sur ta tendre amitié.
De ce joug odieux tire-moi par pitié.

Mad. AUBONNE.

Hélas ! tout dès longtems trompa mes espérances.

JULIE.

Tu gémis.

Mad. AUBONNE.

Oui, je suis dans de terribles transes....
N'importe.... je le veux.... je ferai mon devoir.
Je serai juste.

JULIE.

Hélas ! tu fais tout mon espoir.

SCENE V.

JULIE, Mad. AUBONNE, BABET.

BABET *(accourant avec empressement.)*

Allez, votre Marquis est un vrai trouble-fête.

Mad. AUBONNE.

Je ne le sais que trop.

BABET.

Vous savez qu'on apprête
Cette longue feuillée, où Charlot de ses mains
De guirlandes de fleurs décorait les chemins.
Il a dans cent endroits disposé cent lumières,
Où du nom de Henri les brillants caractères,
Sont lus, à ce qu'on dit, par tous les gens savans.
Ce spectacle admirable attirait les passans ;
Les filles l'entouraient ; toute notre sequelle
Voyait le beau Charlot monté sur une échelle,
Dans un leste pourpoint faisant tous ces apprêts ;
Mais Monsieur le Marquis a trouvé tout mauvais,
A voulu tout changer ; & Charlot au contraire,
A dit que tout est bien. Le Marquis en colère
A menacé Charlot, & Charlot n'a rien dit.
Ce silence au Marquis a causé du dépit ;
Il a tiré l'échelle, il a sû si bien faire,
Qu'en descendant vers nous Charlot est chû par terre.

JULIE.

Ah ! Charlot est blessé.

BABET.

Non, il s'est lestement
Relevé d'un seul saut.... Il s'est fâché vraiment.
Il a dit de gros mots.

Mad. AUBONNE.

De cette bagatelle
Il peut naître aisément une grande querelle.
Je crains beaucoup.

JULIE.
Je tremble.

SCENE VI.

JULIE, Mad. AUBONNE, BABET, GUILLOT.

GUILLOT (*en criant.*)

Ah mon Dieu quel malheur !

JULIE.

Quoi !

Mad. AUBONNE.
Qu'est-il arrivé ?

GUILLOT.
Notre jeune Seigneur...

JULIE.
A-t-il fait à Charlot quelque nouvelle injure ?

GUILLOT.
Il ne donnera plus des soufflets, je vous jure,
A moins qu'il n'en revienne.

Mad. AUBONNE.
Ah mon Dieu ! que dis-tu ?

GUIL.

GUILLOT.

Babet l'aura pû voir.

BABET.

J'ai dit ce que j'ai vu,
Pas grand chose.

Mad. AUBONNE.

Eh butor ! di donc vîte de grace
Ce qui s'est pû passer, & tout ce qui se passe.

GUILLOT.

Hélas ! tout est passé. Le Marquis là dehors,
Est troué d'un grand coup tout au travers du corps.

Mad. AUBONNE.

Ah, malheureuse !

JULIE.

Hélas vous répandez des larmes !
Mais ce n'est pas Charlot : Charlot n'avait point d'armes.

GUILLOT.

On en trouve bientôt. Ce Marquis turbulent
Poursuivait notre ami ma foi très-vertement.
L'autre qui sagement se battait en retraite,
Déja d'un écuyer avait saisi la brette.
Je lui criais de loin, Charlot, garde-toi bien
D'attendre Monseigneur, il ne ménage rien ;
J'ai trop à mes dépens appris à le connaître,
Va-t-en, il ne faut pas s'attaquer à son maître.
Mais Charlot lui disait, Monsieur, n'approchez pas ;
Il s'est trop approché, voilà le mal.

Mad. AUBONNE.

Hélas !
Allons le secourir, s'il en est tems encore.

SCENE VII.

Les Acteurs précédens, L'INTENDANT.

L'INTENDANT.

Non, il n'en est plus tems.

Mad. AUBONNE.

Juste ciel que j'implore !

L'INTENDANT.

Il n'a pas à ce coup survécu d'un moment.
Cachons bien à sa mère un si triste accident.

Mad. AUBONNE (*en pleurant.*)

Les pierres parleront, si nous osons nous taire.

L'INTENDANT.

C'est fort loin du château que cette horrible affaire
Sous mes yeux s'est passée, & presque au même instant,
Pour préparer Madame à cet événement,
J'empêche si je puis qu'on n'entre & qu'on ne sorte :
Je fais lever les ponts, je fais fermer la porte.
Madame heureusement se retire en secret,
Dans ce moment fatal, au fond d'un cabinet,
Où tout ce bruit affreux ne peut se faire entendre.
Ne blessons point un cœur si sensible & si tendre,
Epargnons une mère.

JULIE.

Hélas ! à quel état
Sera-t-elle réduite après cet attentat ?
Je plains son fils.... le tems l'aurait changé peut-être.

L'INTENDANT.

Il était bien méchant ; mais il était mon maître.

Mad.

Mad. AUBONNE.
Quelle mort ! & par qui !
L'INTENDANT.
Dans quel tems, juste ciel !
Dans le plus beau des jours, dans le plus solemnel,
Quand le Roi vient chez nous !
JULIE.
Hélas ! ma pauvre Aubonne,
Que deviendra Charlot ?
L'INTENDANT.
Peut-être sa personne
Aux mains de la justice est livrée à présent.
JULIE.
Ce garçon n'a rien fait qu'à son corps défendant.
La justice est injuste.
L'INTENDANT.
Ah ! les loix sont bien dures.
BABET (à Guillot.)
Charlot serait pendu !
GUILLOT.
Ce sont des avantures
Qui font bien de la peine, & qu'on ne peut prévoir.
On est gai le matin, on est pendu le soir.
BABET.
Mais le Marquis est-il tout-à-fait mort ?
L'INTENDANT.
Sans doute,
Le Médecin l'a dit.
JULIE.
Plus de ressource ?
GUILLOT (à Babet.)
Ecoute,

Il en difait de moi l'an paffé tout autant ;
Il croyait m'enterrer ; & me voila pourtant.

L'INTENDANT.

Non, vous dis-je ; il eft mort, il n'eft plus d'efpérance.
Mes enfans, au logis gardez bien le filence.

GUILLOT.

Je gage que fa mère a déja tout appris.

Mad. AUBONNE.

J'en mourrai.... mais allons, le deffein en eft pris.

(*elle fort.*)

BABET.

Ah! j'entens bien du bruit & des cris chez Madame!

GUILLOT.

On n'a jamais gardé le filence.

JULIE.

Mon ame
D'une fi bonne mère éprouve les douleurs.
Courons, allons mêler mes larmes à fes pleurs.

Fin du fecond acte.

ACTE

ACTE III.

SCENE PREMIERE,

L'INTENDANT, BABET, GUILLOT, troupes de gardes, CHARLOT *au milieu d'eux.*

CHARLOT.

J'Aurais pû fuir fans doute, & ne l'ai pas voulu.
Je défire la mort, & j'y fuis réfolu.

L'INTENDANT.

La juftice eft ici. Madame la Comteffe
Sait la mort de fon fils; la douleur qui la preffe
Ne lui permettra pas de recevoir le Roi.
Quel malheur !

GUILLOT.

   Il devait en ufer comme moi,
Ne fe point revancher, imiter ma fageffe;
Je l'avais averti.

CHARLOT.

  J'ai tort, je le confeffe.

BABET.

Quel crime a-t-il donc fait ? Ne vaut-il pas bien mieux
Tuer quatre Marquis qu'être tué par eux ?

GUILLOT.

Elle a toûjours raifon, c'eft très bien dit.

CHARLOT.

    J'efpère
Qu'on fouffrira du moins que je parle à ma mère.

Vou-

Voudrait-on me priver de ses derniers adieux ?

L'INTENDANT.

Elle s'est évadée, elle est loin de ces lieux.

GUILLOT.

Quoi ! ta mère est complice ?

BABET.

Il me met en colère.
Quand tu voudras parler, ne di mot pour bien faire.

CHARLOT.

Elle ne veut plus voir un fils infortuné,
Indigne de sa mère, & bientôt condamné.
Mais que je plains, hélas ! mon auguste maîtresse !
Et que je plains Julie ! elle avait la tendresse
De Monsieur le Marquis ; & mes funestes coups
Privent l'une d'un fils, & l'autre d'un époux.
Non, je ne veux plus voir ce château respectable,
Où l'on daigna m'aimer, où je fus si coupable.

(*à l'Intendant.*)

Vous, Monsieur, si jamais dans leur triste maison,
Après cet attentat vous prononcez mon nom,
J'ose vous conjurer de bien dire à Madame
Qu'elle a toûjours régné jusqu'au fond de mon ame,
Que j'aurais prodigué mon sang pour la servir,
Que j'ai, pour la venger, demandé de mourir.
Daignez en dire autant à la noble Julie.
Hélas ! dans la maison mon enfance nourie
Me laissait peu prévoir tant d'horribles malheurs.
Vous tous qui m'écoutez, pardonnez-moi mes pleurs,
Ils ne sont pas pour moi.... la source en est plus belle...
Adieu .... conduisez-moi.

L'IN-

L'INTENDANT.

Que cette fin cruelle,
Que ce jour malheureux doit bien se déplorer !
GUILLOT.
Tout pleure, je ne sais s'il faut aussi pleurer.
Qu'on aime ce Charlot ! Charlot plaît, quoi qu'il fasse.
On n'en ferait pas tant pour moi.
BABET (*à ceux qui emmènent Charlot.*)

Messieurs, de grace,
Ne l'enlevez donc pas .... suivons-le au moins des yeux.
GUILLOT.
Allons, suivons aussi, car on est curieux.

SCENE II.
JULIE, L'INTENDANT.

JULIE.
AH ! je respire enfin .... Madame évanouïe
Reprend un peu ses sens & sa force affaiblie ;
Ses femmes à l'envi, les miennes tour à tour
Rendent ses yeux éteints à la clarté du jour.
Faut-il qu'en cet état la nourice fidelle,
Devant la secourir, ne soit pas auprès d'elle ?
Vainement je la cherche, on ne la trouve pas.
L'INTENDANT.
Elle éprouve elle-même un funeste embarras :
Par une fausse-porte elle s'est éclipsée.
Je prens part aux chagrins dont elle est oppressée.
Elle est pour son malheur mère du meurtrier.

JULIE.

JULIE.

Pourquoi nous fuir ? pourquoi de nous se défier ?
Le Roi viendra bientôt : son seul aspect fait grace,
Son grand cœur doit la faire.

L'INTENDANT.

On peut punir l'audace
D'un bourgeois Champenois qui tuë un grand Seigneur.
L'exemple est dangereux après ces tems d'horreur,
Où l'Etat déchiré par nos guerres civiles,
Vit tous les droits sans force, & les loix inutiles.
A peine nous sortons de ces tems orageux.
Henri qui fait sur nous briller des jours heureux,
Veut que la loi gouverne, & non pas qu'on la brave.

JULIE.

Non, le brave Henri ne peut punir un brave.
Je suis la cause hélas ! de cet affreux malheur ;
Ne me reprochant rien dans ma simple candeur,
J'ai cru qu'on n'avait point de reproche à me faire.
Ce malheureux Marquis, dans sa sotte colère,
Se croyant tout permis, a forcé cet enfant
A tuer son Seigneur, & fort innocemment.
Je saurai recourir à la clémence auguste,
Aux bontés de ce Roi galant autant que juste.
Je n'avais répété ce menuet que pour lui ;
Il y sera sensible, il sera notre appui.

L'INTENDANT.

Dieu le veuille !

SCENE III.

JULIE, L'INTENDANT, BABET.

BABET.

Au secours ! ah mon Dieu la misère !
Protégez-nous, Madame, en cette horrible affaire.
Les filles ont recours à vous dans la maison.

JULIE.

Quoi, Babet !

BABET.

C'est Charlot que l'on fourre en prison.

JULIE.

O ciel !

BABET.

Des gens tout noirs des pieds jusqu'à la tête
L'ont fait conduire, hélas ! d'un air bien mal-honnête.
Pour comble de malheur le Roi dans le logis
Ne viendra point, dit-on, comme il l'avait promis.
On ne dansera point, plus de fête.... Ah Madame !
Que de maux à la fois !.... Tout cela perce l'ame.

JULIE.

Charlot est en prison !

L'INTENDANT.

Cela doit aller loin.

BABET.

Hélas ! de le sauver prenez sur vous le soin.
Chacun vous aidera, tout le château vous prie.
Les morts ont toûjours tort, & Charlot est en vie.

L'IN-

L'INTENDANT.
Hélas! je doute fort qu'il y foit bien longtems.
JULIE.
Madame fort déja de fes appartemens.
Dans quel accablement elle eft enfevelie !

SCENE IV.

Les acteurs précédens, LA COMTESSE (*foutenue par deux fuivantes.*)

LA COMTESSE.
MEs filles, laiffez-moi ; que je parle à Julie.
Dans ma chambre avec moi je ne faurais refter.
L'INTENDANT (*à Babet.*)
Elle veut être feule, il faut nous écarter.
(*ils fortent.*)
LA COMTESSE (*fe jettant dans un fauteuil.*)
O ma chère Julie! en ma douleur profonde
Ne m'abandonnez pas.... je n'ai que vous au monde.
JULIE.
Vous m'avez tenu lieu d'une mère, & mon cœur
Répond toûjours au votre & fent votre malheur.
LA COMTESSE.
Ma fille, voilà donc quel eft votre hymenée !
Ah ! j'avais efpéré vous rendre fortunée.
JULIE.
Je pleure votre fort.... & je fais m'oublier.
LA COMTESSE.
Le Roi même en ces lieux devait vous marier.
Au lieu de cette fête & fi fainte & fi chére,

J'or-

J'ordonne de mon fils la pompe funeraire !
Ah Julie !

JULIE.

En ce tems, en ce séjour de pleurs,
Comment de la maison faire au Roi les honneurs ?

LA COMTESSE.

J'envoye auprès de lui, je l'instruis de ma perte ;
Il plaindra les horreurs où mon ame est ouverte ;
Il aura des égards ; il ne mêlera pas
L'appareil des festins à celui du trépas.
Le Roi ne viendra point.... tout a changé de face.

JULIE.

Ainsi.. le meurtrier... n'aura donc point sa grace ?

LA COMTESSE.

Il est bien criminel.

JULIE.

Il s'est vû bien pressé.
A ce coup malheureux le Marquis l'a forcé.

LA COMTESSE (*en pleurant.*)

Il devait fuir plutôt.

JULIE.

Votre fils en colère.....

LA COMTESSE (*se levant.*)

Il devait dans mon fils respecter une mère.
Le fils de sa nourice, ô ciel ! tuer mon fils !
Cette femme après tout dont les soins infinis
Ont conduit leur enfance, & qui tous deux les aime,
En ne paraissant point le condamne elle-même.

JULIE.

Vous aviez protégé ce jeune malheureux.

LA

LA COMTESSE.

Je l'aimais tendrement ; mon fort eſt plus affreux,
Son attentat plus grand.

JULIE.

Faudra-t-il qu'il périſſe ?

LA COMTESSE.

Quoi ? deux morts au lieu d'une !

JULIE.

Hélas ! notre nourice
Ferait donc la troiſiéme.

LA COMTESSE.

Ah ! je n'en puis douter.
Elle eſt mère.... & je ſais ce qu'il en doit coûter.
Hélas ! ne parlons point de vengeance & de peine.
Ma douleur me ſuffit.

(*On entend du bruit.*)

JULIE.

Quelle rumeur ſoudaine ?

(*Le peuple derrière le théâtre.*)

Vive le Roi ! le Roi ! le Roi ! le Roi ! le Roi !

LA COMTESSE.

Dans l'état où je ſuis, ô ciel ! il vient chez moi !

SCENE V.

Le COURIER *en bottes (qui était parti au premier acte) arrive.*

JULIE.

CHarlot ſera ſauvé.

LE COURIER.

Le Duc de Bellegarde,

Dans

Dans la cour à l'inftant vient avec une garde.
Pour la feconde fois le peuple s'eft mépris.
JULIE.
Le Roi ne viendra point ?
LE COURIER.
Je n'en ai rien appris.
Il eft à la diftance à peu près d'une lieuë,
Dans un petit village avec fa garde bleuë.
JULIE.
Il viendra, j'en fuis fûre.

SCENE VI.

Le DUC DE BELLEGARDE arrive fuivi de plufieurs domeftiques de la maifon. On arrange trois fauteuils.

LA COMTESSE (*allant au devant de lui.*)

AH ! Monfieur, vous venez
Confoler, s'il fe peut, mes jours infortunés.
LE DUC.
Je l'efpère, Madame. Ici le Roi m'envoye ;
Je viens à vos douleurs mêler un peu de joye.
(*à Julie qui veut fortir.*)
Mademoifelle, il faut que je vous parle auffi ;
Votre aimable préfence eft néceffaire ici.
Sur le deftin d'un fils, Madame, & fur le vôtre
Daignez avec bonté m'écouter l'une & l'autre.
(*il s'affied entre elles.*)
Une Madame Aubonne, accourant vers le Roi,

S'est jettée à ses pieds, a parlé devant moi;
Le Roi, vous le savez, ne rebute personne.

LA COMTESSE.
Ce Prince daigne être homme.

JULIE.
Ah! l'ame grande & bonne!

LE DUC.
Cette femme à mon maître a dit de point en point,
Ce que je vais conter.... Ne vous affligez point,
Madame, & jusqu'au bout souffrez que je m'explique.
Vous aviez dans ses mains mis votre fils unique.
On le crut mort longtems. Vous n'aviez jamais vu
Ce fils infortuné, de sa mère inconnu.

LA COMTESSE.
Il est trop vrai.

LE DUC.
C'était au tems même où la guerre,
Ainsi que tout l'Etat, désolait votre terre.
Cette femme craignit vos reproches, vos pleurs;
Elle crut vous servir en trompant vos douleurs;
Et sans doute, en secret, elle fut trop flattée
De la fatale erreur où vous fûtes jettée.
Vous demandiez ce fils, elle donna le sien.

LA COMTESSE.
Ah! tout mon cœur s'échappe, ah grand Dieu!

JULIE.
Tout le mien
Est saisi, transporté.

LA COMTESSE.
Quel bonheur!

JULIE.

JULIE.
                    Quelle joye!
LA COMTESSE.
Qu'on amène mon fils, courons, que je le voye!
Mais.... ferait-il bien vrai?
                LE DUC.
                    Rien n'eſt plus avéré.
            LA COMTESSE.
Ah! ſi j'avais rempli ce devoir ſi ſacré,
De ne pas confier au lait d'une étrangère
Le pur ſang de mon ſang, & d'être vraiment mère,
On n'aurait jamais fait cet affreux changement.
                LE DUC.
Il eſt bien plus commun qu'on ne croit.
            LA COMTESSE.
                            Cependant
Quelle preuve avez-vous? quel témoin? quel indice?
                LE DUC.
Le ciel, avec le Roi, vous a rendu juſtice.
Votre fils réchappa, mais l'échange était fait.
Cet enfant ſuppoſé dans vos bras s'élevait.
Vos ſoins vous attachaient à cette créature;
Et l'habitude en vous paſſait pour la nature.
La nourice voulut diſſiper votre erreur;
Elle n'oſa jamais allarmer votre cœur;
Craignant, en diſant vrai, de paſſer pour menteuſe;
Et la vérité même était trop dangereuſe.
Dans un billet ſecret, avec ſoin cacheté,
Son mari vieux ſoldat mit cette vérité.
Le billet dépoſé dans les mains d'un notaire,
Produit aux yeux du Roi, découvre le myſtère.

Le soldat même à part, interrogé longtems,
Menacé de la mort, menacé des tourmens,
D'un air simple & naïf a conté l'avanture.
Son grand âge n'est pas le tems de l'imposture.
Il touche au jour fatal où l'homme ne ment plus :
Il a tout confirmé. Des témoins entendus
Sur le lieu, sur le tems, sur chaque circonstance,
Ont sous les yeux du Roi mis l'entière évidence.
On ne le trompe point ; il sait sonder les cœurs ;
Art difficile & grand qu'il doit à ses malheurs.
Ajouterai-je encor que j'ai vû ce jeune homme,
Que pour aimable & brave ici chacun renomme.
De votre père, hélas ! c'est le portrait vivant.
Votre père mourut quand vous étiez enfant,
Massacré près de moi dans l'horrible journée
Qui sera de l'Europe à jamais condamnée.
C'est lui-même, vous dis-je, oui, c'est lui, je l'ai vu;
Frappé de son aspect, j'en suis encor ému,
J'en pleure en vous parlant.

LA COMTESSE.

     Vous ravissez mon ame.

JULIE.

Que je sens vos bienfaits !

LE DUC.

     Agréez donc, Madame,
Que la triste nourice appuyant mes récits,
Puisse ici retrouver son véritable fils.
Il était expirant, mais on espère encore
Qu'il poura réchapper. Sa mère vous implore,
Elle vient, la voici qui tombe à vos genoux.

SCENE

SCENE DERNIERE.

Les acteurs précédens. Mad. AUBONNE, CHARLOT.

Mad. AUBONNE (*se jettant aux pieds de la Comtesse.*)
J'ai mérité la mort.

LA COMTESSE.

C'est assez, levez-vous.
Je dois vous pardonner, puisque je suis heureuse.
Tu m'as rendu mon sang.

(*La porte s'ouvre, Charlot paraît avec tous les domestiques.*)

CHARLOT (*dans l'enfoncement avançant quelques pas.*)

O destinée affreuse!
Où me conduisez-vous?

LA COMTESSE (*courant à lui.*)

Dans mes bras, mon cher fils.

CHARLOT.

Vous! ma mère!

LE DUC.

Oui, sans doute.

JULIE.

O ciel! je te bénis.

LA COMTESSE (*en le tenant embrassé.*)

Oui, reconnai ta mère, oui, c'est toi que j'embrasse.
Tu sauras tout.

JULIE.

Il est bien digne de sa race.

LE PEUPLE (*derrière le théâtre.*)

Vive le Roi ! le Roi ! le Roi ! vive le Roi !

LE DUC.

Pour le coup c'est lui-même. Allons tous ; c'est à moi
De présenter le fils, & la mère & Julie.

LA COMTESSE.

Je succombe au bonheur dont ma peine est suivie.

CHARLOT Marquis.

Je ne sais où je suis !

LA COMTESSE.

Rendons grace à jamais
Au Duc de Bellegarde, au grand Roi des Français...
Mon fils !

CHARLOT Marquis.

J'en serai digne.

JULIE.

Il nous fait tous renaître.

LA COMTESSE.

Allons tous nous jetter aux pieds d'un si bon maître.

CHARLOT Marquis.

Henri n'est pas le seul dont j'adore la loi.

(*Tout le monde crie.*)

Vive le Roi ! le Roi ! le Roi ! vive le Roi !

Fin du troisième & dernier acte.

DRAME

DRAME

Traduit de l'Anglais de Mr. HUT.

PERSONNAGES.

SAUL, fils de Cis & premier Roi Juif.

DAVID, fils de Jessé, gendre de Saül & second Roi.

AGAG, Roi des Amalécites.

SAMUEL, Prophète & Juge en Israël.

MICHOL, épouse de David & fille de Saül.

ABIGAIL, veuve de Nabal & seconde épouse de David.

BETZABÉE, femme d'Urie & concubine de David.

LA PYTHONISSE, fameuse sorcière en Israël.

JOAB, Général des hordes de David & son confident.

URIE, mari de Betzabée & Officier de David.

BAZA, ancien confident de Saül.

ABIEZER, vieil Officier de Saül.

ADONIAS, fils de David & d'Agith sa dix-septiéme femme.

SALOMON, fils adultérin de David & de Betzabée.

NATHAN, Prince & Prophète en Israël.

GAG ou GAD, Prophète & Chapelain ordinaire de David.

ABISAG, de Sunam, jeune Sunamite.

EBIND, Capitaine de David.

ABIAR, Officier de David.

YESEZ, Inspecteur général des troupes de David.

Les Prêtres de Samuël.

Les Capitaines de David.

Un Clerc de la trésorerie.

Un Messager.

La populace Juive.

PREMIER ACTE.

La scène est à Calgala.

DEUXIEME ACTE.

La scène est sur la colline d'Achila.

TROISIEME ACTE.

La scène est à Siceleg.

QUATRIEME ACTE.

La scène est à Hébron.

CINQUIEME ACTE.

Le scène est à Herus-chalaim.

On n'a pas observé dans cette espèce de tragicomédie l'unité d'action, de lieu & de tems. On a cru avec l'illustre la Motte devoir se soustraire à ces régles. Tout se passe dans l'intervalle de deux ou trois générations pour rendre l'action plus tragique par le nombre des morts selon l'esprit Juif, tandis que parmi nous l'unité de tems ne peut s'étendre qu'à vingt-quatre heures, & l'unité de lieu dans l'enceinte d'un palais.

DRAME

DRAME

Traduit de l'Anglais de Mr. HUT.

ACTE PREMIER.

SCENE PREMIERE.
SAUL, BAZA.

BAZA.

O Grand Saül ! le plus puissant des Rois ; vous qui régnez sur les trois lacs dans l'espace de plus de cinq cent stades ; vous vainqueur du généreux Agag Roi d'Amalec, dont les capitaines étaient montés sur les plus puissans ânes, ainsi que les cinquante fils d'Amalec ; vous qu'Adonaï fit triompher à la fois de Dagon & de Béelzébuth ; vous, qui sans doute mettrez sous vos loix toute la terre, comme on vous l'a pro-

mis

mis tant de fois, faut-il que vous vous abandonniez à votre douleur dans de si nobles triomphes & de si grandes espérances ?

SAUL.

O mon cher Baza ! heureux mille fois celui qui conduit en paix les troupeaux bèlans de Benjamin, & presse le doux raisin de la vallée d'Engaddy. Hélas ! je cherchais les ânesses de mon père, je trouvai un royaume ; depuis ce jour je n'ai connu que la douleur. Plût à Dieu au contraire que j'eusse cherché un royaume & trouvé des ânesses ! j'aurais fait un meilleur marché.

BAZA.

Est-ce le prophète Samuël, est-ce votre gendre David qui vous causent ces mortels chagrins ?

SAUL.

L'un & l'autre. Samuël, tu le sais, m'oignit malgré lui ; il fit ce qu'il put pour empêcher le peuple de choisir un Prince, & dès que je fus élu, il devint le plus cruel de tous mes ennemis.

BAZA.

Vous deviez bien vous y attendre ; il était prêtre, & vous étiez guerrier ; il gouvernait avant vous, on hait toûjours son successeur.

SAUL.

Eh ! pouvait-il espérer de gouverner plus longtems ! il avait associé à son pouvoir ses indignes enfans, également corrompus & corrupteurs, qui vendaient publiquement la justice :

toute la nation s'éleva contre ce gouvernement sacerdotal. On tira un Roi au sort : les dez sacrés annoncèrent la volonté du ciel ; le peuple la ratifia, & Samuël frémit : ce n'est pas assez de haïr en moi le ciel, il hait encor le prophète ; car il sait que, comme lui, j'ai le nom de Voyant ; que j'ai prophétisé comme lui ; & ce nouveau proverbe répandu dans Israël (Saül est aussi au rang des prophêtes) n'offense que trop ses oreilles superbes : on le respecte encore ; pour mon malheur il est prêtre, il est dangereux.

BAZA.

N'est-ce pas lui qui soulève contre vous votre gendre David ?

SAUL.

Il n'est que trop vrai, & je tremble qu'il ne cabale pour donner ma couronne à ce rebelle.

BAZA.

Votre Altesse Royale est trop bien affermie par les victoires, & le Roi Agag votre illustre prisonnier vous est ici un sûr garant de la fidélité de votre peuple, également enchanté de votre victoire & de votre clémence : le voici qu'on l'amène devant votre Altesse Royale.

SCENE II.
SAUL, BAZA, AGAG, Soldats.
AGAG.

DOux & puiffant vainqueur, modèle des Princes, qui favez vaincre & pardonner, je me jette à vos facrés genoux, daignez ordonner vous-même ce que je dois donner pour ma rançon; je ferai déformais un voifin, un allié fidèle, un vaffal foumis; je ne vois plus en vous qu'un bienfaiteur & un maître : je vous dois la vie, je vous devrai encore la liberté : j'admirerai, j'aimerai en vous l'image du Dieu qui punit & pardonne.

SAUL.

Illuftre Prince, que le malheur rend encore plus grand, je n'ai fait que mon devoir en fauvant vos jours : les Rois doivent refpecter leurs femblables : qui fe venge après la victoire, eft indigne de vaincre : je ne mets point votre perfonne à rançon, elle eft d'un prix ineftimable : foyez libre; les tributs que vous payerez à Ifraël feront moins des marques de foumiffion que d'amitié : c'eft ainfi que les Rois doivent traiter enfemble.

AGAG.

O vertu! ô grandeur de courage! Que vous êtes puiffantes fur mon cœur! Je vivrai, je mourrai le fujet du grand Saül, & tous mes Etats font à lui.

SCENE

SCENE III.

Les personnages précédens, SAMUEL, Prêtres.

SAUL.

Samuël, quelles nouvelles m'apportez-vous ? venez-vous de la part de Dieu, de celle du peuple, ou de la vôtre ?

SAMUEL.

De la part de Dieu.

SAUL.

Qu'ordonne-t-il ?

SAMUEL.

Il m'ordonne de vous dire qu'il s'est repenti de vous avoir fait régner.

SAUL.

Dieu se repentir ! Il n'y a que ceux qui font des fautes qui se repentent ; sa sagesse éternelle ne peut être imprudente. Dieu ne peut faire des fautes.

SAMUEL.

Il peut se repentir d'avoir mis sur le trône ceux qui en commettent.

SAUL.

Eh ! quel homme n'en commet pas ? Parlez, de quoi suis-je coupable ?

SAMUEL.

D'avoir pardonné à un Roi.

AGAG.

AGAG.

Comment ? la plus belle des vertus serait regardée chez vous comme un crime ?

SAMUEL *à Agag.*

Tai-toi, ne blasphême point. (*à Saül*) Saül ci-devant Roi des Juifs, Dieu ne vous avait-il pas ordonné par ma bouche d'égorger tous les Amalécites, sans épargner ni les femmes, ni les filles, ni les enfans à la mammelle ?

AGAG.

Ton Dieu t'avait ordonné cela ! tu t'es trompé, tu voulais dire ton Diable.

SAMUEL *à ses Prêtres.*

Préparez-vous à m'obéir : & vous Saül, avez-vous obéi à Dieu ?

SAUL.

Je n'ai pas cru qu'un tel ordre fût positif ; j'ai pensé que la bonté était le premier attribut de l'Etre suprême, qu'un cœur compatissant ne pouvait lui déplaire.

SAMUEL.

Vous vous êtes trompé, homme infidèle : Dieu vous réprouve, votre sceptre passera dans d'autres mains.

BAZA *à Saül.*

Quelle insolence ! Seigneur, permettez-moi de punir ce prêtre barbare.

SAUL.

Gardez-vous-en bien ; ne voyez-vous pas qu'il est

ACTE PREMIER.

est suivi de tout le peuple, & que nous ferions lapidés, si je résistais; car, en effet, j'avais promis....

BAZA.

Vous aviez promis une chose abominable !

SAUL.

N'importe ; les Juifs sont plus abominables encore ; ils prendront la défense de Samuël contre moi.

BAZA, *à part*.

Ah ! malheureux Prince, tu n'as de courage qu'à la tête des armées !

SAUL.

Eh bien donc ! Prêtres, que faut-il que je fasse ?

SAMUEL.

Je vais te montrer comme on obéit au Seigneur : (*à ses Prêtres*) ô Prêtres sacrés ! Enfans de Lévi, déployez ici votre zèle ; qu'on apporte une table, qu'on étende sur cette table ce Roi, dont le prépuce est un crime devant le Seigneur. (*Les Prêtres lient Agag sur la table.*)

AGAG.

Que voulez-vous de moi, impitoyables monstres !

SAUL.

Auguste Samuël, au nom du Seigneur.

SAMUEL.

Ne l'invoquez pas, vous en êtes indigne, de

meurez ici, il vous l'ordonne; foyez témoin du facrifice qui, peut-être, expiera votre crime.

AGAG à Samuël.

Ainfi donc, vous m'allez donner la mort : ô mort, que vous êtes amère !

SAMUEL.

Oui, tu es gras, & ton holocaufte en fera plus agréable au Seigneur.

AGAG.

Hélas ! Saül, que je te plains d'être foumis à de pareils monftres.

SAMUEL à Agag.

Ecoute, tu vas mourir; veux-tu être Juif? veux-tu te faire circoncire ?

AGAG.

Et fi j'étais affez faible pour être de ta Religion, me donnerais-tu la vie ?

SAMUEL.

Non, tu auras la fatisfaction de mourir Juif, & c'eft bien affez.

AGAG.

Frappez donc, bourreau !

SAMUEL.

Donnez-moi cette hache au nom du Seigneur; & tandis que je couperai un bras, coupez une jambe, & ainfi de fuite morceau par morceau. (*Ils frappent tous enfemble.*)

AGAG.

ACTE PREMIER.

AGAG.

O mort ! ô tourmens ! ô barbares !

SAUL.

Faut-il que je fois témoin d'une abomination si horrible ?

BAZA.

Dieu vous punira de l'avoir soufferte.

SAMUEL *aux Prêtres*.

Emportez ce corps & cette table : qu'on brûle les reftes de cet infidèle, & que fes chairs fervent à nourrir nos ferviteurs : (*à Saül*) & vous, Prince, apprenez à jamais qu'obéïffance vaut mieux que facrifice.

SAUL *se jettant dans un fauteuil*.

Je me meurs, je ne pourrai furvivre à tant d'horreurs & tant de honte.

SCENE IV.

SAUL, BAZA, un Meffager.

LE MESSAGER.

SEigneur, penfez à votre fûreté ; David approche en armes, il eft fuivi de cinq cent brigands qu'il a ramaffés ; vous n'avez ici qu'une garde faible.

BAZA.

BAZA.

Eh bien ! Seigneur, vous le voyez : David & Samuël étaient d'intelligence : vous êtes trahi de tous côtés, mais je vous ferai fidèle jusqu'à la mort : quel parti prenez-vous ?

SAUL.

Celui de combattre & de mourir.

Fin du premier acte.

ACTE II.

SCENE PREMIERE.

DAVID, MICHOL.

MICHOL.

IMpitoyable époux, prétends-tu attenter à la vie de mon père, de ton bienfaiteur ? de celui qui t'ayant d'abord pris pour son joueur de harpe, te fit bientôt après son écuyer, qui enfin t'a mis dans mes bras ?

DAVID.

Il est vrai, ma chère Michol, que je lui dois le bonheur de posséder vos charmes ; il m'en a coûté assez cher : il me fallut apporter à votre père deux cent prépuces de Philistins pour présent de noces : deux cent prépuces ne se trouvent pas si aisément, je fus obligé de tuer deux cent hommes pour venir à bout de cette entreprise ; & si je n'avais pas la mâchoire d'âne de Samson ; mais eût-il fallu combattre toutes les forces de Babylone & de l'Egypte, je l'aurais fait pour vous mériter ; je vous adorais & je vous adore.

MICHOL.

Et pour preuve de ton amour, tu en veux aux jours de mon père.

DAVID.

Dieu m'en préserve, je ne veux que lui succéder : vous savez que j'ai respecté sa vie, & que lorsque je le rencontrai dans une caverne, je ne lui coupai que le bout de son manteau ; la vie du père de ma chère Michol me sera toujours précieuse.

MICHOL.

Pourquoi donc te joindre à ses ennemis ? Pourquoi te souiller du crime horrible de rébellion, & te rendre par-là même si indigne du trône où tu aspires ? Pourquoi d'un côté te joindre à Samuel notre ennemi domestique, & de l'autre au Roi de Geth, Akis, notre ennemi déclaré ?

DAVID.

Ma noble épouse, ne me condamnez pas sans m'entendre : vous savez qu'un jour dans le village de Bethlehem, Samuel répandit de l'huile sur ma tête ; ainsi je suis Roi, & vous êtes la femme d'un Roi : si je me suis joint aux ennemis de la nation, si j'ai fait du mal à mes concitoyens, j'en ai fait davantage à ces ennemis mêmes : il est vrai que j'ai engagé ma foi au Roi de Geth, le généreux Akis : j'ai rassemblé cinq cent malfaiteurs perdus de dettes & de débauches, mais tous bons soldats : Akis nous a reçus, nous a comblé de bienfaits, il m'a traité comme son fils, il a eu en moi une entière confiance ; mais je n'ai jamais oublié que je suis Juif ; & ayant des commissions du Roi Akis, pour aller ravager vos terres, j'ai très souvent ra-

ravagé les siennes : j'allais dans les villages les plus éloignés, je tuais tout sans miséricorde, je ne pardonnais ni au sexe ni à l'âge, afin d'être pur devant le Seigneur, & afin qu'il ne se trouvât personne qui pût me déceler auprès du Roi Akis, je lui amenais les bœufs, les ânes, les moutons, les chèvres des innocens agriculteurs que j'avais égorgés, & je lui disais par un salutaire mensonge que c'étaient les bœufs, les ânes, les moutons & les chèvres des Juifs : quand je trouvais quelque résistance, je faisais scier en deux, par le milieu du corps, ces insolens rebelles, ou je les écrasais sous les dents de leur herse, ou je les faisais rôtir dans des fours à briques. Voyez si c'est aimer sa patrie, si c'est être bon Israëlite.

MICHOL.

Ainsi, cruel, tu as également répandu le sang de tes frères & celui de tes alliés : tu as donc trahi également ces deux bienfaiteurs ; rien ne t'est sacré ; tu trahiras ainsi ta chère Michol qui brûle pour toi d'un si malheureux amour.

DAVID.

Non, je le jure par la verge d'Aron, par la racine de Jessé, que je vous serai toûjours fidèle.

SCENE II.

DAVID, MICHOL, ABIGAIL.

ABIGAIL *en embrassant David.*

Mon cher, mon tendre époux, maître de mon cœur & de ma vie, venez, sortez avec moi de ces lieux dangereux, Saül arme contre vous, & Akis vous attend.

MICHOL.

Qu'entens-je ? son époux ? Quoi ! monstre de perfidie, vous me jurez un amour éternel, & vous avez pris une autre femme ! Quelle est donc cette insolente rivale ?

DAVID.

Je suis confondu.

ABIGAIL.

Auguste & aimable fille d'un grand Roi, ne vous mettez pas en colère contre votre servante ; un héros tel que David a besoin de plusieurs femmes ; & moi, je suis une jeune veuve qui ai besoin d'un mari : vous êtes obligée d'être toûjours auprès du Roi votre père, il faut que David ait une compagne dans ses voyages & dans ses travaux ; ne m'enviez pas cet honneur, je vous serai toûjours soumise.

MICHOL.

Elle est civile & accorte du moins ; elle n'est pas comme ces concubines impertinentes qui vont

ACTE SECOND. 217

vont toûjours bravant la maîtresse de la maison: monstre, où as-tu fait cette acquisition?

DAVID.

Puisqu'il faut vous dire la vérité, ma chère Michol, j'étais à la tête de mes brigands, & usant du droit de la guerre, j'ordonnai à Nabal, mari d'Abigail, de m'apporter tout ce qu'il avait: Nabal était un brutal qui ne savait pas les usages du monde, il me refusa insolemment : Abigail est née douce, honnête & tendre ; elle vola tout ce qu'elle put à son mari pour me l'apporter : au bout de huit jours le brutal mourut....

MICHOL.

Je m'en doutais bien.

DAVID.

Et j'épousai la veuve.

MICHOL.

Ainsi Abigail est mon égale : ça, di-moi en conscience, brigand trop cher, combien as-tu de femmes?

DAVID.

Je n'en ai que dix-huit en vous comptant: ce n'est pas trop pour un brave homme.

MICHOL.

Dix-huit femmes, scélérat! Eh, que fais-tu de tout cela?

DAVID.

Je leur donne ce que je peux de tout ce que j'ai pillé.

MI-

MICHOL.

Les voilà bien entretenues ! tu es comme les oiseaux de proie, qui apportent à leurs femelles des colombes à dévorer : encore n'ont-ils qu'une compagne, & il en faut dix-huit au fils de Jessé.

DAVID.

Vous ne vous appercevrez jamais, ma chère Michol, que vous ayez des compagnes.

MICHOL.

Va, tu promets plus que tu ne peux tenir : écoute, quoique tu en ayes dix-huit, je te pardonne ; si je n'avais qu'une rivale, je serais plus difficile : cependant tu me le payeras.

ABIGAIL.

Auguste Reine, si toutes les autres pensent comme moi, vous aurez dix-sept esclaves de plus auprès de vous.

SCENE III.

DAVID, MICHOL, ABIGAIL, ABIAR.

ABIAR.

MOn maître, que faites-vous ici entre deux femmes ? Saül avance de l'Occident, & Akis de l'Orient, de quel côté voulez-vous marcher ?

DAVID.

Du côté d'Akis, sans balancer.

ACTE SECOND.

MICHOL.

Quoi ! malheureux, contre ton Roi, contre mon père !

DAVID.

Il le faut bien, il y a plus à gagner avec Akis qu'avec Saül : confolez-vous, Michol ; adieu Abigail.

ABIGAIL.

Non, je ne te quitte pas.

DAVID.

Reftez, vous dis-je, ceci n'eft pas une affaire de femme ; chaque chofe a fon tems, je vais combattre ; priez Dieu pour moi.

SCENE IV.
MICHOL, ABIGAIL.

ABIGAIL.

PRotégez-moi, noble fille de Saül, je crois une telle action digne de votre grand cœur. David a encore épousé une nouvelle femme ce matin : réuniffons-nous toutes deux contre nos rivales.

MICHOL.

Quoi ! ce matin même ! l'impudent : & comment fe nomme-t-elle ?

ABIGAIL.

Alchinoam, c'eft une des plus dévergondées coquines qui foit dans toute la race de Jacob.

MICHOL.

C'est une vilaine race que cette race de Jacob, je suis fâchée d'en être ; mais, par Dieu, puisque mon mari nous traite si indignement, je le traiterai de même, & je vais de ce pas en épouser un autre.

ABIGAIL.

Allez, allez, Madame, je vous promets bien d'en faire autant, dès que je serai mécontente de lui.

SCENE V.

MICHOL, ABIGAIL, le Messager, EBIND.

EBIND.

AH Princesse ! votre Jonathas, savez-vous ?

MICHOL.

Quoi donc ! mon frère Jonathas !....

EBIND.

Est condamné à mort, dévoué au Seigneur, à l'anathême.

ABIGAIL.

Jonathas qui aimait tant votre mari !

MICHOL.

Il n'est plus ! on lui a arraché la vie !

EBIND.

Non, Madame, il est en parfaite santé : le Roi

ACTE SECOND.

Roi votre père en marchant au point du jour contre Akis, a rencontré un petit corps de Philistins, & comme nous étions dix contre un, nous avons donné dessus avec courage. Saül pour augmenter les forces du soldat qui était à jeun, a ordonné que personne ne mangeât de la journée, & a juré qu'il immolerait au Seigneur le premier qui déjeunerait : Jonathas qui ignorait cet ordre prudent, a trouvé un rayon de miel, & en a avalé la largeur de mon pouce; Saül, comme de raison, l'a condamné à mourir; il savait ce qu'il en coûte de manquer à sa parole; l'avanture d'Agag l'effrayait, il craignait Samuël; enfin Jonathas allait être offert en victime; toute l'armée s'est soulevée contre ce parricide; Jonathas est sauvé, & l'armée s'est mise à manger & à boire ; & au lieu de perdre Jonathas, nous avons été défaits de Samuël ; il est mort d'apoplexie.

MICHOL.
Tant mieux ; c'était un vilain homme.

ABIGAIL.
Dieu soit béni.

EBIND.
Le Roi Saül vient suivi de tous les siens ; je crois qu'il va tenir conseil dans cette chenevière, pour savoir comment il s'y prendra pour attaquer Akis & les Philistins.

SCENE

SCENE VI.

MICHOL, ABIGAIL, SAUL, BAZA, Capitaines.

MICHOL.

MOn père, faudra-t-il trembler tous les jours pour votre vie, pour celle de mes frères, & essuyer les infidélités de mon mari?

SAUL.

Votre frère & votre mari sont des rebelles : comment ? manger du miel en un jour de bataille ! il est bienheureux que l'armée ait pris son parti ; mais votre mari est cent fois plus méchant que lui ; je jure que je le traiterai comme Samuël a traité Agag.

ABIGAIL *à Michol.*

Ah ! Madame, comme il roule les yeux, comme il grince les dents ! fuyons au plus vite ; votre père est fou, ou je me trompe.

MICHOL.

Il est quelquefois possédé du Diable.

SAUL.

Ma fille, qui est cette drôlesse-là.

MICHOL.

C'est une des femmes de votre gendre David, que vous avez autrefois tant aimé.

SAUL.

ACTE SECOND.

SAUL.

Elle est assez jolie ; je la prendrai pour moi au sortir de la bataille.

ABIGAIL.

Ah ! le méchant homme, on voit bien qu'il est reprouvé.

MICHOL.

Mon père, je vois que votre mal vous prend ; si David était ici, il vous jouerait de la harpe ; car vous savez que la harpe est un spécifique contre les vapeurs hypocondriaques.

SAUL.

Taisez-vous, vous êtes une sotte, je sais mieux que vous ce que j'ai à faire.

ABIGAIL.

Ah, Madame ! comme il est méchant ! Il est plus fou que jamais ; retirons-nous au plus vîte.

MICHOL.

C'est une malheureuse boucherie d'Agag qui lui a donné des vapeurs ; dérobons-nous à sa furie.

SCENE VII.

SAUL, BAZA.

SAUL.

MEs Capitaines, allez m'attendre ; Baza, demeurez ; vous me voyez dans un mortel embarras ; j'ai mes vapeurs ; il faut combattre,

nous

nous avons de puissans ennemis ; ils sont derrière la montagne de Gelboé ; je voudrais bien savoir quelle sera l'issue de cette bataille.

BAZA.

Eh, Seigneur ! il n'y a rien de plus aisé ; n'êtes-vous pas Prophète tout comme un autre ? N'avez-vous pas même des vapeurs qui sont un véritable avant-coureur des prophéties ?

SAUL.

Il est vrai, mais depuis quelque tems le Seigneur ne me répond plus ; je ne sais ce que j'ai : as-tu fait venir la Pythonisse d'Endor ?

BAZA.

Oui, mon maître ; mais croyez-vous que le Seigneur lui réponde plutôt qu'à vous ?

SAUL.

Oui, sans doute, car elle a un esprit de Python.

BAZA.

Un esprit de Python, mon maître ! quelle espèce est cela ?

SAUL.

Ma foi, je n'en sais rien. Mais on dit que c'est une femme fort habile : j'aurais envie de consulter l'ombre de Samuël.

BAZA.

Vous feriez bien mieux de vous mettre à la tête de vos troupes : comment consulte-t-on une ombre ?

SAUL.

SAUL.

La Pythoniſſe les fait ſortir de la terre, & l'on voit à leur mine ſi l'on fera heureux ou malheureux.

BAZA.

Il a perdu l'eſprit ! Seigneur, au nom de Dieu, ne vous amuſez point à toutes ces ſottiſes, & allons mettre vos troupes en bataille.

SAUL.

Reſte ici, il faut abſolument que nous voyions une ombre : voilà la Pythoniſſe qui arrive : garde-toi de me faire reconnaître : elle me prend pour un Capitaine de mon armée.

SCENE VIII.

SAUL, BAZA, LA PYTHONISSE
arrivant avec un balai entre les jambes.

LA PYTHONISSE.

Quel mortel veut arracher les ſecrets du deſtin à l'abime qui les couvre ? Qui de vous deux s'adreſſe à moi pour connaître l'avenir ?

BAZA *montrant Saül.*

C'eſt mon Capitaine : ne devrais-tu pas le ſavoir, puiſque tu es ſorcière ?

LA PYTHONISSE *à Saül.*

C'eſt donc pour vous que je forcerai la nature

à interrompre le cours de ſes loix éternelles ? combien me donnerez-vous ?

SAUL.

Un écu : & te voilà payée d'avance, vieille ſorcière.

LA PYTHONISSE.

Vous en aurez pour votre argent. Les magiciens de Pharaon n'étaient auprès de moi que des ignorans ; ils ſe bornaient à changer en ſang les eaux du Nil, je vais en faire davantage ; & premiérement, je commande au Soleil de paraître.

BAZA.

En plein midi ! Quel miracle !

LA PYTHONISSE.

Je vois quelque choſe ſur la terre.

SAUL.

N'eſt-ce pas une ombre ?

LA PYTHONISSE.

Oui, une ombre.

SAUL.

Comment eſt-elle faite ?

LA PYTHONISSE.

Comme une ombre.

SAUL.

N'a-t-elle pas une grande barbe ?

LA PYTHONISSE.

Oui, un grand manteau, & une grande barbe.

SAUL.

ACTE SECOND.

SAUL.

Une barbe blanche?

LA PYTHONISSE.

Blanche comme de la neige.

SAUL.

Juſtement, c'eſt l'ombre de Samuël; elle doit avoir l'air bien méchant?

LA PYTHONISSE.

Oh! on ne change jamais de caractère : elle vous menace, elle vous fait des yeux horribles.

SAUL.

Ah! je ſuis perdu.

BAZA.

Eh Seigneur! pouvez-vous vous amuſer à ces fadaiſes? N'entendez-vous pas le ſon des trompettes? Les Philiſtins approchent.

SAUL.

Allons donc; mais le cœur ne me dit rien de bon.

LA PYTHONISSE.

Au moins j'ai ſon argent; mais voilà un ſot Capitaine.

Fin du ſecond acte.

ACTE III.

SCENE PREMIERE.

DAVID & ses Capitaines.

DAVID.

SAül a donc été tué, mes amis ? son fils Jonathas aussi ? & je suis Roi d'une petite partie du pays légitimement.

JOAB.

Oui, Milord; votre Altesse Royale a très bien fait de faire pendre celui qui vous a apporté la nouvelle de la mort de Saül : car il n'est jamais permis de dire qu'un Roi est mort : cet acte de justice vous conciliera tous les esprits ; il fera voir qu'au fond vous aimiez votre beau-père, & que vous êtes un bon homme.

DAVID.

Oui, mais Saül laisse des enfans : Isboseth son fils régne déja sur plusieurs Tribus ; comment faire ?

JOAB.

Ne vous mettez point en peine ; je connais deux coquins qui doivent assassiner Isboseth, s'ils ne l'ont déja fait; vous les ferez pendre tous deux, & vous régnerez sur Juda & Israël.

DAVID.

ACTE TROISIEME.

DAVID.

Dites-moi un peu vous autres, Saül a-t-il laiſſé beaucoup d'argent? Serai-je bien riche?

ABIEZER.

Hélas! nous n'avons pas le ſol; vous ſavez qu'il y a deux ans, quand Saül fut élu Roi, nous n'avions pas de quoi acheter des armes, il n'y avait que deux ſabres dans tout l'Etat, encore étaient-ils tout rouillés : les Philiſtins, dont nous avons preſque tous été les eſclaves, ne nous laiſsèrent pas dans nos chaumières ſeulement un morceau de fer pour accommoder nos charruës; auſſi nos charruës nous ſont-elles fort inutiles dans un maudit pays pierreux, hériſſé de montagnes pelées, où il n'y a que quelques oliviers avec un peu de raiſin : nous n'avions pris au Roi Agag que des bœufs, des chèvres & des moutons, parce que c'était là tout ce qu'il avait; je ne crois pas que nous puiſſions trouver dix écus dans toute la Judée; il y a quelques uſuriers qui rognent les eſpèces à Tyr & à Damas, mais ils ſe feraient empâler plutôt que de vous prêter un denier.

DAVID.

S'eſt-on emparé du petit village de Salem & de ſon château?

JOAB.

Oui, Milord.

ABIEZER.

J'en ſuis fâché; cette violence peut décrier notre nouveau gouvernement. Salem appartient de tout tems aux Jébuféens avec qui nous ne fommes point en guerre ; c'eft un lieu faint, car Melchifedech était autrefois Roi de ce village.

DAVID.

Il n'y a point de Melchifedech qui tienne ; j'en ferai une bonne forterefíe ; je l'appellerai Herus-Chalaim ; ce fera le lieu de ma réfidence ; nos enfans feront multipliés comme le fable de la mer, & nous régnerons fur le monde entier.

JOAB.

Eh, Seigneur, vous n'y penfez pas ! Cet endroit eft une efpece de défert, où il n'y a que des cailloux à deux lieues à la ronde. On y manque d'eau, il n'y a qu'un petit malheureux torrent de Cédron qui eft à fec fix mois de l'année : que n'allons-nous plutôt fur les grands chemins de Tyr, vers Damas, vers Babilone ? il y aurait là de beaux coups à faire.

DAVID.

Oui ; mais tous les peuples de ce pays-là font puiflans, nous rifquerions de nous faire pendre ; enfin le Seigneur m'a donné Herus-Chalaim, j'y demeurerai & j'y louerai le Seigneur.

UN MESSAGER.

Milord, deux de vos ferviteurs viennent d'affaffiner Isbofeth, qui avait l'infolence de vouloir fuccéder à fon père, & de vous difputer le trône ; on l'a jetté par les fenêtres, il nage dans fon fang ; les Tribus qui lui obéiffaient ont fait ferment de vous obéir ; & l'on vous amène fa
fœur

ACTE TROISIEME.

sœur Michol votre femme qui vous avait abandonné, & qui venait de se marier à Phaltiel fils de Sais.

DAVID.

On aurait mieux fait de la laisser avec lui; que veut-on que je fasse de cette bégueule-là? Allez, mon cher Joab, qu'on l'enferme; allez, mes amis, allez saisir tout ce que possédait Isboseth, apportez-le-moi, nous le partagerons: vous, Joab, ne manquez pas de faire pendre ceux qui m'ont délivré d'Isboseth, & qui m'ont rendu ce signalé service; marchez tous devant le Seigneur avec confiance; j'ai ici quelques petites affaires un peu pressées: je vous rejoindrai dans peu de tems pour rendre tous ensemble des actions de graces au Dieu des armées qui a donné la force à mon bras, & qui a mis sous mes pieds le basilic & le dragon.

Tous les Capitaines ensemble.

(*) Housah! housah! longue vie à David notre bon Roi, l'oint du Seigneur, le père de son peuple. (*Ils sortent.*)

DAVID *à un des siens.*

Faites entrer Betzabée.

_____

(*) C'est le cri de joie de la populace Anglaise, les Hébreux criaient *allek eudi ah!* & par corruption *hi ah y ah.*

SCENE II.

DAVID, BETZABÉE.

DAVID.

MA chère Betzabée, je ne veux plus aimer que vous : vos dents font comme un mouton qui fort du lavoir ; votre gorge eſt comme une grappe de raiſin, votre nez comme la tour du mont Liban ; le Royaume que le Seigneur m'a donné ne vaut pas un de vos embraſſemens : Michol, Abigail, & toutes mes autres femmes, ſont dignes tout au plus d'être vos ſervantes.

BETZABÉE.

Hélas, Milord ! vous en diſiez ce matin autant à la jeune Abigail.

DAVID.

Il eſt vrai, elle peut me plaire un moment, mais vous êtes ma maîtreſſe de toutes les heures ; je vous donnerai des robes, des vaches, des chèvres, des moutons, car pour de l'argent je n'en ai point encore, mais vous en aurez quand j'en aurai volé dans mes courſes ſur les grands chemins, ſoit vers le pays des Phéniciens, ſoit vers Damas, ſoit vers Tyr. Qu'avez-vous, ma chère Betzabée, vous pleurez ?

BETZABÉE.

Hélas, oui, Milord !

DAVID.

ACTE TROISIEME.

DAVID.

Quelqu'une de mes femmes ou de mes concubines a-t-elle ofé vous maltraiter ?

BETZABÉE.

Non.

DAVID.

Quel eſt donc votre chagrin ?

BETZABÉE.

Milord, je ſuis groſſe ; mon mari Urie n'a pas couché avec moi depuis un mois ; & s'il s'apperçoit de ma groſſeſſe, je crains d'être battue.

DAVID.

Eh ! que ne l'avez-vous fait coucher avec vous?

BETZABÉE.

Hélas ! j'ai fait ce que j'ai pû ; mais il me dit qu'il veut toûjours reſter auprès de vous : vous ſavez qu'il vous eſt tendrement attaché ; c'eſt un des meilleurs Officiers de votre armée ; il veille auprès de votre perſonne quand les autres dorment ; il ſe met au-devant de vous quand les autres lâchent le pied ; s'il fait quelque bon butin, il vous l'apporte ; enfin il vous préfère à moi.

DAVID.

Voilà une inſupportable chenille ; rien n'eſt ſi odieux que ces gens empreſſés qui veulent toûjours rendre ſervice ſans en être priés : allez, allez, je vous déferai bientôt de cet importun : qu'on me donne une table & des tablettes pour écrire.

BET-

BETZABÉE.

Milord, pour des tables vous favez qu'il n'y en a point ici; mais voici mes tablettes avec un poinçon, vous pouvez écrire fur mes genoux.

DAVID.

Allons, écrivons : „ Appui de ma couronne,
„ comme moi ferviteur de Dieu, notre féal Urie
„ vous rendra cette miffive : marchez avec lui
„ fi-tôt cette préfente reçue contre le corps des
„ Philiftins, qui eft au bout de la vallée d'Hé-
„ bron ; placez le féal Urie au premier rang,
„ abandonnez-le dès qu'on aura tiré la premiere
„ fléche, de façon qu'il foit tué par les enne-
„ mis ; & s'il n'eft pas frappé par devant, ayez
„ foin de le faire affaffiner par derrière ; le tout
„ pour le befoin de l'Etat : ainfi Dieu nous foit
„ en aide. Votre bon Roi David. "

BETZABÉE.

Eh ! bon Dieu ! Vous voulez faire tuer mon pauvre mari ?

DAVID.

Ma chère enfant, ce font de ces petites févérités auxquelles on eft quelquefois obligé de fe prêter ; c'eft un petit mal pour un grand bien, uniquement dans l'intention d'éviter le fcandale.

BETZABÉE.

Hélas ! votre fervante n'a rien à repliquer, foit fait felon votre parole.

DAVID.

Qu'on m'appelle le bon homme Urie.

ACTE TROISIEME.

BETZABÉE.

Hélas! que voulez-vous lui dire? pourrais-je soutenir sa préfence?

DAVID.

Ne vous troublez pas. (*à Urie qui entre.*) Tenez, mon cher Urie, portez cette lettre à mon Capitaine Joab, & méritez toûjours les bonnes graces de l'Oint du Seigneur.

URIE.

J'obéis avec joie à ses commandemens; mes pieds, mon bras, ma vie sont à son service : je voudrais mourir pour lui prouver mon zèle.

DAVID, *en l'embrassant.*

Vous serez exaucé, mon cher Urie.

URIE.

Adieu, ma chère Betzabée, soyez toûjours auſſi attachée que moi à notre maître.

BETZABÉE.

C'est ce que je fais, mon bon mari.

DAVID.

Demeurez ici, ma bien-aimée, je suis obligé d'aller donner des ordres à peu près semblables pour le bien du Royaume; je reviens à vous dans un moment.

BETZABÉE.

Non, mon cher amant, je ne vous quitte pas.

DAVID.

DAVID.

Ah! je veux bien que les femmes soient maîtresses au lit : mais par-tout ailleurs je veux qu'elles obéissent.

Fin du troisiéme acte.

ACTE IV.

SCENE PREMIERE.
BETZABÉE, ABIGAIL.

ABIGAIL.

BEtzabée, Betzabée; c'est donc ainsi que vous m'enlevez le cœur de Monseigneur.

BETZABÉE.

Vous voyez que je ne vous enlève rien, puisqu'il me quitte, & que je ne peux l'arrêter.

ABIGAIL.

Vous ne l'arrêtez que trop, perfide, dans les filets de votre méchanceté : tout Israël dit que vous êtes grosse de lui.

BETZABÉE.

Eh bien ! quand cela serait, Madame, est-ce à vous à me le reprocher ; n'en avez-vous pas fait autant ?

ABIGAIL.

Cela est bien différent, Madame ; j'ai l'honneur d'être son épouse.

BETZABÉE.

Voilà un plaisant mariage ; on sait que vous avez empoisonné Nabal votre mari, pour épouser

Da-

David, lorsqu'il n'était encor que Capitaine.

ABIGAIL.

Point de reproches, Madame, s'il vous plait: vous en feriez bien autant du bon homme Urie pour devenir Reine; mais sachez que je vais tout lui découvrir.

BETZABÉE.

Je vous défie.

ABIGAIL.

C'est-à-dire que la chose est déja faite.

BETZABÉE.

Quoi qu'il en soit, je serai votre Reine, & je vous apprendrai à me respecter.

ABIGAIL.

Moi, vous respecter, Madame!

BETZABÉE.

Oui, Madame.

ABIGAIL.

Ah, Madame! la Judée produira du froment au lieu de seigle, & on aura des chevaux au lieu d'ânes pour monter, avant que je sois réduite à cette ignominie : il appartient bien à une femme comme vous de faire l'impertinente avec moi.

BETZABÉE.

Si je m'en croyais, une paire de souflets.....

ABIGAIL.

Ne vous en avisez pas. Madame, j'ai le bras bon & je vous rosserais d'une manière.....

SCENE

SCENE II.
DAVID, BETZABÉE, ABIGAIL.

DAVID.

PAix-là donc, paix-là : êtes-vous folles, vous autres ? Il est bien question de vous quereller, quand l'horreur des horreurs est sur ma maison.

BETZABÉE.

Quoi donc, mon cher amant ! Qu'est-il arrivé ?

ABIGAIL.

Mon cher mari, y a-t-il quelque nouveau malheur ?

DAVID.

Voilà-t-il pas que mon fils Ammon, que vous connaissez, s'est avisé de violer sa sœur Thamar, & l'a ensuite chassée de sa chambre à grands coups de pieds dans le cul.

ABIGAIL.

Quoi donc, n'est-ce que cela ? je croyais à votre air effaré qu'il vous avait volé votre argent.

DAVID.

Ce n'est pas tout ; mon autre fils Absalon, quand il a vû cette tracasserie, s'est mis à tuer mon fils Ammon : je me suis fâché contre mon fils Absalon, il s'est revolté contre moi, m'a chassé de ma ville de Herus-Chalaim, & me voilà sur le pavé.

BET-

BETZABÉE.

Oh ! ce font des chofes férieufes cela !

ABIGAIL.

La vilaine famille que la famille de David! Tu n'as donc plus rien, brigand ? Ton fils eft oint à ta place.

DAVID.

Hélas oui ! & pour preuve qu'il eft oint, il a couché fur la terraffe du fort avec toutes mes femmes l'une après l'autre.

ABIGAIL.

O ciel ! que n'étais-je là ? j'aurais bien mieux aimé coucher avec ton fils Abfalon qu'avec toi, vilain, voleur que j'abandonne à jamais : il a des cheveux qui lui vont jufqu'à la ceinture, & dont il vend des rognures pour deux cent écus par an au moins : il eft jeune, il eft aimable, & tu n'es qu'un barbare débauché qui te moques de Dieu, des hommes & des femmes : va, je renonce déformais à toi, & je me donne à ton fils Abfalon, ou au premier Philiftin que je rencontrerai. (*à Betzabée en lui faifant la révérence.*) Adieu, Madame.

BETZABÉE.

Votre fervante, Madame.

ACTE QUATRIEME.

SCÈNE III.
DAVID, BETZABÉE.

DAVID.

Voilà donc cette Abigail que j'avais cruë si douce! Ah! qui compte sur une femme, compte sur le vent : & vous, ma chère Betzabée, m'abandonnerez-vous aussi?

BETZABÉE.

Hélas! c'est ainsi que finissent tous les mariages de cette espèce : que voulez-vous que je devienne si votre fils Absalon régne, & si Urie, mon mari, sait que vous avez voulu l'assassiner, vous voilà perdu & moi aussi?

DAVID.

Ne craignez rien ; Urie est dépêché ; mon ami Joab est expéditif.

BETZABÉE.

Quoi! mon pauvre mari est donc assassiné ; hi, hi, hi, (*elle pleure.*) oh, hi, ha.

DAVID.

Quoi! vous pleurez le bon-homme?

BETZABÉE.

Je ne peux m'en empêcher.

DAVID.

La sotte chose que les femmes ; elles souhaitent la mort de leurs maris, elles la demandent, & quand elles l'ont obtenue, elles se mettent à pleurer.

BETZABÉE.

Pardonnez cette petite cérémonie.

SCENE IV.

DAVID, BETZABÉE, JOAB.

DAVID.

EH bien, Joab, en quel état sont les choses ? Qu'est devenu ce coquin d'Absalon ?

JOAB.

Par Sabaoth, je l'ai envoyé avec Urie; je l'ai trouvé qui pendait à un arbre par les cheveux, & je l'ai bravement percé de trois dards.

DAVID.

Ah! Absalon mon fils! hi, hi, ho, ho, hi.

BETZABÉE.

Voilà-t-il pas que vous pleurez votre fils, comme j'ai pleuré mon mari : chacun a sa faiblesse.

DAVID.

On ne peut pas dompter tout-à-fait la nature, quelque Juif qu'on soit ; mais cela passe, & le train des affaires emporte bien vite ailleurs.

SCENE

SCENE V.

Les personnages précédens, & le Prophète
NATHAN.

BETZABÉE.

EH! voilà Nathan le Voyant, Dieu me pardonne! Que vient-il faire ici?

NATHAN.

Sire, écoutez & jugez : il y avait un riche qui possédait cent brebis, & il y avait un pauvre qui n'en avait qu'une ; le riche a pris la brebis & a tué le pauvre ; que faut-il faire du riche?

DAVID.

Certainement il faut qu'il rende quatre brebis.

NATHAN.

Sire, vous êtes le riche, Urie était le pauvre, & Betzabée est la brebis.

BETZABÉE.

Moi, brebis!

DAVID.

Ah! j'ai péché, j'ai péché, j'ai péché.

NATHAN.

Bon, puisque vous l'avouez, le Seigneur va transférer votre péché : c'est bien assez qu'Absalon ait couché avec toutes vos femmes : épousez fez la belle Betzabée, un des fils que vous aurez d'elle régnera fur tout Ifraël : je le nommerai aimable, & les enfans des femmes légitimes & honnêtes feront maffacrés.

BETZABÉE.

Par Adonaï, tu es un charmant prophète, vien ça que je t'embraffe.

DAVID.

Eh! là, là, doucement : qu'on donne à boire au Prophète ; réjouiffons-nous nous autres ; allons, puifque tout va bien, je veux faire des chanfons gaillardes ; qu'on me donne ma harpe. (*Il joue de la harpe.*)

>Chers Hébreux par le Ciel envoyés, *a*)
>Dans le fang vous baignerez vos pieds ;
>Et vos chiens s'engraifferont
>De ce fang qu'ils lécheront.

>Ayez foin, mes chers amis, *b*)
>De pendre tous les petits
>Encore à la mammelle,
>Vous écraferez leur cervelle
>Contre le mur de l'infidelle ;
>Et vos chiens s'engraifferont
>De ce fang qu'ils lécheront.

---

a) *Ut intingatur pes tuus in fanguine, lingua canum suorum ex inimicis ab ipso.*
b) *Beatus qui tenebit & allidet parvulos ad petram.*

BETZABÉE.

Sont-ce là vos chansons gaillardes ?

DAVID, *en chantant & dansant.*

Et vos chiens s'engraisseront
De ce sang qu'ils lécheront.

BETZABÉE.

Finissez donc vos airs de corps-de-garde ; cela est abominable : il n'y a point de sauvage qui voulût chanter de telles horreurs : les bouchers des peuples de Gog & de Magog en auraient honte.

DAVID, *toûjours sautant.*

Et les chiens s'engraisseront
De ce sang qu'ils lécheront.

BETZABÉE.

Je m'en vais, si vous continuez à chanter ainsi, & à sauter comme un yvrogne : vous montrez tout ce que vous portez : fi ! quelles manières !

DAVID.

Je danserai, oui je danserai ; je serai encore plus méprisable, je danserai devant des servantes ; je montrerai tout ce que je porte, & ce me sera gloire devant les filles.

JOAB.

A présent que vous avez bien dansé, il faudrait mettre ordre à vos affaires.

DAVID.

Oui, vous avez raison, il y a tems pour tout : retournons à Herus-Chalaim.

JOAB.

JOAB.

Vous aurez toûjours la guerre ; il faudrait avoir quelque argent de referve, & favoir combien vous avez de fujets qui puiffent marcher en campagne, & combien il en reftera pour la culture des terres.

DAVID.

Le confeil eft très fenfé : allons, Betzabée, allons régner, m'amour. (*Il danfe, il chante.*)

Et les chiens s'engraifferont
De ce fang qu'ils lécheront.

Fin du quatriéme acte.

ACTE V.

SCENE PREMIERE.

DAVID *assis devant une table*, *ses Officiers autour de lui.*

DAVID.

Six cent quatre-vingt-quatorze schellings & demi d'une part, & de l'autre, cent treize un quart, font huit cent schellings trois quarts : c'est donc là tout ce qu'on a trouvé dans mon trésor; il n'y a pas là de quoi payer une journée à mes gens.

UN CLERC DE LA TRESORERIE.

Milord, le tems est dur.

DAVID.

Et vous l'êtes encore bien davantage : il me faut de l'argent, entendez-vous ?

JOAB.

Milord, votre Altesse est volée comme tous les autres Rois : les gens de l'échiquier, les fournisseurs de l'armée pillent tous; ils font bonne chère à nos dépens, & le soldat meurt de faim.

DAVID.

Je les ferai scier en deux ; en effet, aujourd'hui

d'hui nous avons fait la plus mauvaise chère du monde.

JOAB.

Cela n'empêche pas que ces fripons-là ne vous comptent tous les jours pour votre table trente bœufs gras, cent moutons gras, autant de cerfs, de chevreuils, de bœufs sauvages & de chapons ; trente tonneaux de fleur de farine, & soixante tonneaux de farine ordinaire.

DAVID.

Arrêtez donc, vous voulez rire ; il y aurait là de quoi nourrir six mois toute la Cour du Roi d'Assirie, & toute celle du Roi des Indes.

JOAB.

Rien n'est pourtant plus vrai, car cela est écrit dans vos livres.

DAVID.

Quoi ! tandis que je n'ai pas de quoi payer mon boucher ?

JOAB.

C'est qu'on vole votre Altesse Royale, comme j'ai déja eu l'honneur de vous le dire.

DAVID.

Combien crois-tu que je doive avoir d'argent comptant.

JOAB.

Milord, vos livres font foi que vous avez cent huit mille talens d'or ; deux millions vingt-quatre mille talens d'argent, & dix mille dragmes d'or ; ce qui fait au juste, au plus bas prix du chan-

ACTE CINQUIEME. 249

change, un milliard trois cent vingt millions cinquante mille livres fterlings.

DAVID.

Tu es fou, je penfe : toute la terre ne pourrait fournir le quart de ces richeffes : comment veux-tu que j'aye amaffé ce tréfor dans un auffi petit pays qui n'a jamais fait le moindre commerce ?

JOAB.

Je n'en fais rien ; je ne fuis pas financier.

DAVID.

Vous ne me dites que des fottifes tous tant que vous êtes : je faurai mon compte avant qu'il foit peu ; & vous, Yefès, a-t-on fait le dénombrement du peuple ?

YESÈS.

Oui, Milord ; vous avez onze cent mille hommes d'Ifraël & quatre cent foixante-dix mille de Juda d'enrôlés pour marcher contre vos ennemis.

DAVID.

Comment ! j'aurais quinze cent foixante-dix mille hommes fous les armes ? cela eft difficile dans un pays qui jufqu'à préfent n'a pû nourrir trente mille ames : à ce compte, en prenant un foldat par dix perfonnes, cela ferait quinze millions fix cent foixante-dix mille fujets dans mon Empire : celui de Babilone n'en a pas tant.

JOAB.

C'eft là le miracle.

DAVID.

DAVID.

Ah, que de balivernes! je veux savoir abſolument combien j'ai de ſujets ; on ne m'en fera pas à croire ; je ne crois pas que nous ſoyons trente mille.

UN OFFICIER.

Voilà votre chapelain ordinaire, le révérend docteur Gag, qui vient de la part du Seigneur parler à votre Alteſſe Royale.

DAVID.

On ne peut pas prendre plus mal ſon tems ; mais qu'il entre.

SCENE II.

Les perſonnages précédens ; le Docteur GAG.

DAVID.

QUe voulez-vous, Docteur Gag?

GAG.

Je viens vous dire que vous avez commis un grand péché.

DAVID.

Comment! en quoi, s'il vous plait?

GAG.

En faiſant faire le dénombrement du peuple.

DAVID.

Que veux-tu donc dire, fou que tu es? Y a-t-il une opération plus ſage & plus utile que de ſa-

ACTE CINQUIEME. 251

savoir le nombre de ses sujets ? un berger n'est-il pas obligé de savoir le compte de ses moutons ?

G A G.

Tout cela est bel & bon, mais Dieu vous donne à choisir de la famine, de la guerre ou de la peste.

D A V I D.

Prophète de malheur, je veux au moins que tu puisses être puni de ta belle mission : j'aurais beau faire choix de la famine, vous autres prêtres vous faites toûjours bonne chère ; si je prends la guerre, vous n'y allez pas : je choisis la peste, j'espère que tu l'auras, & que tu créveras comme tu le mérites.

G A G.

Dieu soit béni ! (*Il s'en va criant la peste ; & tout le monde crie, la peste, la peste.*)

J O A B.

Je ne comprends rien à tout cela : comment la peste, pour avoir fait son compte ?

SCENE III.

Les personnages précédens, BETZABÉE, SALOMON.

BETZABÉE.

EH, Milord ! il faut que vous ayez le diable dans le corps pour choisir la peste ; il est mort sur le champ soixante-dix mille personnes, & je

crois

crois que j'ai déja le charbon : je tremble pour moi & pour mon fils Salomon que je vous amène.

DAVID.

J'ai pis que le charbon, je suis las de tout ceci: il faut donc que j'aye plus de pestiférés que de sujets : écoutez, je deviens vieux, vous n'êtes plus belle, j'ai toûjours froid aux pieds, il me faudrait une fille de quinze ans pour me réchauffer.

JOAB.

Parbleu, Milord, j'en connais une qui fera votre fait ; elle s'appelle Abisag de Sunam.

DAVID.

Qu'on me l'amène, qu'on me l'amène, qu'elle m'échauffe.

BETZABÉE.

En vérité, vous êtes un vilain débauché : fi ! à votre âge, que voulez-vous faire d'une petite fille?

JOAB.

Milord, la voilà qui vient, je vous la présente.

DAVID.

Vien ça, petite fille, me réchaufferas-tu bien?

ABISAG.

Oui-da, Milord, j'en ai bien réchauffé d'autres.

BETZABÉE.

Voilà donc comme tu m'abandonnes ; tu ne m'aimes plus ! & que deviendra mon fils Salomon à qui tu avais promis un héritage ?

DAVID.

Oh, je tiendrai ma parole ; c'est un petit garçon

ACTE CINQUIEME.

qui est tout-à-fait selon mon cœur, il aime déja les femmes comme un fou : approche, petit drôle, que je t'embrasse : je te fais Roi, entends-tu ?

SALOMON.

Milord, j'aime bien mieux apprendre à régner sous vous.

DAVID.

Voilà une jolie réponse ; je suis très content de lui : va, tu régneras bientôt, mon enfant : car je sens que je m'affaiblis ; les femmes ont ruiné ma santé, mais tu auras encore un plus beau serrail que moi.

SALOMON.

J'espère m'en tirer à mon honneur.

BETZABÉE.

Que mon fils a d'esprit ! je voudrais qu'il fût déja sur le trône.

SCENE IV.

Les personnages précédens, ADONIAS.

ADONIAS.

Mon père, je viens me jetter à vos pieds.

DAVID.

Ce garçon là ne m'a jamais plu.

ADONIAS.

Mon père, j'ai deux graces à vous demander ; la première, c'est de vouloir bien me nommer votre

votre successeur, attendu que je suis le fils d'une Princesse, & que Salomon est le fruit d'une bourgeoise adultère, auquel il n'est dû par la loi qu'une pension alimentaire tout au plus : ne violez pas en sa faveur les loix de toutes les nations.

BETZABÉE.

Ce petit oursin là mériterait bien qu'on le jettât par la fenêtre.

DAVID.

Vous avez raison ; quelle est l'autre grace que tu veux, petit misérable ?

ADONIAS.

Milord, c'est la jeune Abisag de Sunam qui ne vous sert à rien ; je l'aime éperduement, & je vous prie de me la donner par testament.

DAVID.

Ce coquin là me fera mourir de chagrin : je sens que je m'affaiblis, je n'en puis plus : réchauffez-moi un peu, Abisag.

ABISAG *lui prenant la main.*

Je fais ce que je peux, mais vous êtes froid comme la glace.

DAVID.

Je sens que je me meurs ; qu'on me mette sur mon lit de repos.

SALOMON *se jettant à ses pieds.*

O Roi ! vivez longtems.

ACTE CINQUIEME.

BETZABÉE.

Puiſſe-t-il mourir tout-à-l'heure, le vilain ladre, & nous laiſſer régner en paix!

DAVID.

Ma dernière heure arrive, il faut faire mon teſtament, & pardonner, en bon Juif, à tous mes ennemis : Salomon, je vous fais Roi Juif; ſouvenez-vous d'être clément & doux; ne manquez pas, dès que j'aurai les yeux fermés, d'aſſaſſiner mon fils Adonias, quand même il embraſſerait les cornes de l'autel.

SALOMON.

Quelle ſageſſe! quelle bonté d'ame! mon père, je n'y manquerai pas, ſur ma parole.

DAVID.

Voyez-vous ce Joab qui m'a ſervi dans mes guerres, & à qui je dois ma couronne? je vous prie au nom du Seigneur, de le faire aſſaſſiner auſſi; car il a mis du ſang dans mes ſouliers.

JOAB.

Comment, monſtre! je t'étranglerai de mes mains; va, va, je ferai bien caſſer ton teſtament, & ton Salomon verra quel homme je ſuis.

SALOMON.

Eſt-ce tout, mon cher père? n'avez-vous plus perſonne à expédier?

DAVID.

J'ai la mémoire mauvaiſe : attendez, il y a encore un certain Semei, qui m'a dit autrefois

des

des sottises, nous nous raccommodâmes ; je lui jurai par le Dieu vivant que je lui pardonnerais ; il m'a très bien servi, il est mon conseil privé ; vous êtes sage, ne manquez pas de le faire tuer en traître.

SALOMON.

Votre volonté sera exécutée, mon cher père.

DAVID.

Va, tu seras le plus sage des Rois, & le Seigneur te donnera mille femmes pour récompense : je me meurs ! que je t'embrasse encore ! adieu.

BETZABÉE.

Dieu merci, nous en voilà défaits.

UN OFFICIER.

Allons vîte enterrer notre bon Roi David.

Tous ensemble.

Notre bon Roi David, le modèle des Princes, l'homme selon le cœur du Seigneur.

ABISAG.

Que deviendrai-je, moi ? qui réchaufferai-je ?

SALOMON.

Vien ça, vien ça, tu seras plus contente de moi que de mon bon-homme de père.

Fin du cinquiéme & dernier acte.

LETTRE

AUX

AUTEURS DE LA GAZETTE LITTERAIRE.

Août 1764.

SUR LES SONGES.

Messieurs,

Tous les objets des sciences sont de votre ressort ; souffrez que les chimères en soient aussi. *Nil sub sole novum* : rien de nouveau sous le soleil ; aussi n'est-ce pas de ce qui se fait en plein jour que je veux vous entretenir ; mais de de ce qui se passe pendant la nuit. Ne vous allarmez pas, il ne s'agit que de songes.

Je vous avoue, Messieurs, que je pense assez comme le médecin de votre Monsieur de Pourceaugnac ; il demande à son malade de quelle nature sont ses songes, & Mr. de Pourceaugnac, qui n'est pas philosophe, répond qu'ils sont de la nature des songes. Il est très certain pourtant, n'en déplaise à votre Limousin, que des songes pénibles & funestes dénotent les peines de l'esprit & du corps, un estomac surchargé d'alimens,

mens, ou un esprit occupé d'idées douloureuses pendant la veille.

Le laboureur qui a bien travaillé sans chagrin, & bien mangé sans excès, dort d'un sommeil plein & tranquille, que les rêves ne troublent point. Tant qu'il est dans cet état, il ne se souvient jamais d'avoir fait aucun rêve. C'est une vérité dont je me suis assuré autant que je l'ai pû dans mon manoir de Herfordshire. Tout rêve un peu violent est produit par un excès, soit dans les passions de l'ame, soit dans la nourriture du corps; il semble que la nature alors vous en punisse en vous donnant des idées, en vous y faisant penser malgré vous. On pourrait inférer de là que ceux qui pensent le moins sont les plus heureux; mais ce n'est pas là que je veux en venir.

Il faut dire avec Pétrone, *quidquid luce fuit, tenebris agit*. J'ai connu des avocats qui plaidaient en songe, des mathématiciens qui cherchaient à résoudre des problêmes, des poëtes qui faisaient des vers. J'en ai fait moi-même qui étaient assez passables, & je les ai retenus. Il est donc incontestable que dans le sommeil on a des idées suivies comme en veillant. Les idées nous viennent incontestablement malgré nous. Nous pensons en dormant, comme nous nous remuons dans notre lit, sans que notre volonté y ait aucune part. Votre père Mallebranche a donc très grande raison de dire que nous ne pouvons jamais nous donner nos idées, car pourquoi en serions-nous les maîtres plutôt pendant la veille que pendant le sommeil? Si votre
Mal-

Mallebranche s'en était tenu là, il ferait un très grand philofophe ; il ne s'eft trompé que parce qu'il a été trop loin : c'eft lui dont on peut dire:

Præceſſit longè flammantia mænia mundi.

Pour moi, je fuis perfuadé que cette réflexion que nos penfées ne viennent pas de nous, peut nous faire venir de très bonnes penfées ; je n'entreprends pas de déveloper les miennes, de peur d'ennuier quelques lecteurs, & d'en étonner quelques autres.

Je vous prie feulement de fouffrir encore un petit mot fur les fonges. Ne trouvez-vous pas, comme moi, qu'ils font l'origine de l'opinion généralement répandue dans toute l'antiquité touchant les ombres & les mânes ? Un homme profondément affligé de la mort de fa femme ou de fon fils, les voit dans fon fommeil, ce font les mêmes traits, il leur parle, ils lui répondent ; ils lui font certainement apparus. D'autres hommes ont eu les mêmes rêves ; il eft impoſſible de douter que les morts ne reviennent ; mais on eft fûr en même tems que ces morts ou enterrés, ou réduits en cendres, ou abîmés dans les mers, n'ont pû reparaître en perfonne ; c'eft donc leur ame qu'on a vûe : cette ame doit être étendue, légère, impalpable, puifqu'en lui parlant on n'a pû l'embraffer : *Effugit imago par levibus ventis.* Elle eft moulée, deffinée fur le corps qu'elle habitait ; puifqu'elle lui reffemble parfaitement ; on lui donne le nom d'ombre, de mânes ; & de tout cela il refte dans les têtes une idée confufe qui fe perpétue d'autant mieux que perfonne ne la comprend.

Les songes me paraissent encore l'origine sensible des premières prédictions. Qu'y a-t-il de plus naturel & de plus commun, que de rêver à une personne chère qui est en danger de mort, & de la voir expirer en songe ? Quoi de plus naturel encore, que cette personne meure après le rêve funeste de son ame ? Les songes qui auront été accomplis sont des prédictions que personne ne revoque en doute. On ne tient point compte des rêves qui n'auront point eu leur effet : un seul songe accompli fait plus d'effet que cent qui ne l'auront pas été. L'antiquité est pleine de ces exemples. Combien nous sommes faits pour l'erreur ! Le jour & la nuit ont servi à nous tromper.

Vous voyez bien, Messieurs, qu'en étendant ces idées on pourrait tirer quelque fruit du livre de mon compatriote le rêvasseur ; mais je finis, de peur que vous ne me preniez moi-même pour un songe-creux. Je suis, Messieurs, votre &c.

JOHN DREAMER.

AUTRE

AUTRE

AUX MÊMES.

Vous avez dit, Messieurs, en rendant compte de l'ouvrage de Mr. Hooke, que l'histoire Romaine est encore à faire parmi nous, & rien n'est plus vrai. Il était pardonnable aux historiens Romains d'illustrer les premiers tems de la République par des fables qu'il n'est plus permis de transcrire que pour les réfuter. Tout ce qui est contre la vraisemblance doit au moins inspirer des doutes; mais l'impossible ne doit jamais être écrit.

On commence par nous dire que Romulus ayant rassemblé trois mille trois cent bandits, bâtit le bourg de Rome de mille pas en quarré. Or mille pas en quarré suffiraient à peine pour deux métairies; comment trois mille trois cent hommes auraient-ils pû habiter ce bourg?

Quels étaient les prétendus Rois de ce ramas de quelques brigands? n'étaient-ils pas visiblement des chefs de voleurs, qui partageaient un gouvernement tumultueux avec une petite horde féroce & indisciplinée?

Ne doit-on pas, quand on compile l'histoire ancienne, faire sentir l'énorme différence de ces Capitaines de bandits avec de véritables Rois d'une nation puissante?

Il est avéré par l'aveu des écrivains Romains,

que pendant près de quatre cent ans l'Etat Romain n'eut pas plus de dix lieuës en longueur, & autant en largeur. L'Etat de Gènes est beaucoup plus considérable aujourd'hui que la République Romaine ne l'était alors.

Ce ne fut que l'an 360. que Veies fut prise après une espèce de siége, ou de blocus qui avait duré dix années. Veies était auprès de l'endroit où est aujourd'hui Civita-Vecchia, à cinq ou six lieuës de Rome ; & le terrain autour de Rome, capitale de l'Europe, a toujours été si stérile que le peuple voulut quitter sa patrie pour aller s'établir à Veies.

Aucunes de ses guerres, jusqu'à celle de Pyrrhus, ne mériteraient de place dans l'histoire, si elles n'avaient été le prélude de ses grandes conquêtes. Tous ces événemens jusqu'au tems de Pyrrhus, sont pour la plûpart si petits & si obscurs, qu'il fallut les relever par des prodiges incroyables, ou par des faits destitués de vraisemblance, depuis l'avanture de la louve qui nourrit Romulus & Rémus, & depuis celle de Lucrèce, de Clélie, de Curtius, jusqu'à la prétendue lettre du médecin de Pyrrhus, qui proposa, dit-on, aux Romains d'empoisonner son maître, moyennant une récompense proportionnée à ce service. Quelle récompense pouvaient lui donner les Romains, qui n'avaient alors ni or, ni argent ? & comment soupçonne-t-on un médecin Grec d'être assez imbécille pour écrire une telle lettre ?

Tous nos compilateurs recueillent ces contes sans le moindre examen ; tous sont copistes,

aucun

aucun n'eſt philoſophe : on les voit tous honorer du nom de vertueux des hommes qui au fond n'ont été que des brigands courageux ; ils nous répètent que la vertu Romaine fut enfin corrompue par les richeſſes & par le luxe ; comme s'il y avait de la vertu à piller les nations, & comme s'il n'y avait de vice qu'à jouïr de ce qu'on a volé. Si on a voulu faire un traité de morale au lieu d'une hiſtoire, on a dû inſpirer encore plus d'horreur pour les déprédations des Romains que pour l'uſage qu'ils firent des tréſors ravis à tant de nations qu'ils dépouillèrent l'une après l'autre.

Nos hiſtoriens modernes de ces tems reculés auraient dû diſcerner au moins les tems dont ils parlent ; il ne faut pas traiter le combat peu vraiſemblable des Horaces & des Curiaces, l'avanture romaneſque de Lucrèce, celle de Clélie, celle de Curtius, comme les batailles de Pharſale & d'Actium. Il eſt eſſentiel de diſtinguer le ſiécle de Cicéron de ceux où les Romains ne ſavaient ni lire, ni écrire, & ne comptaient les années que par des cloux fichés dans le Capitole. En un mot, toutes les hiſtoires Romaines que nous avons dans les langues modernes n'ont point encore ſatisfait les lecteurs.

Perſonne n'a encore recherché avec ſuccès ce qu'était un peuple attaché ſcrupuleuſement aux ſuperſtitions, & qui ne ſut jamais régler le tems de ſes fêtes, qui ne ſut même pendant près de cinq cent ans ce que c'était qu'un cadran à ſoleil : un peuple dont le Sénat ſe piqua quelquefois

fois d'humanité, & dont ce même Sénat immola aux Dieux deux Grecs & deux Gauloises, pour expier la galanterie d'une de ses Vestales ; un peuple toujours exposé aux blessures, & qui n'eut qu'au bout de cinq siécles un seul médecin, qui était à la fois chirurgien & apoticaire.

Le seul art de ce peuple fut la guerre pendant six cent années ; & comme il était toujours armé, il vainquit tour à tour les nations qui n'étaient pas continuellement sous les armes.

L'auteur du petit volume *sur la grandeur & sur la décadence des Romains*, nous en apprend plus que les énormes livres des historiens modernes. Il eût seul été digne de faire cette histoire, s'il eût pû résister sur-tout à l'esprit de système, & au plaisir de donner souvent des pensées ingénieuses pour des raisons.

Un des défauts qui rendent la lecture des nouvelles histoires Romaines peu supportables, c'est que les auteurs veulent entrer dans des détails comme Tite-Live. Ils ne songent pas que Tite-Live écrivait pour sa nation, à qui ces détails étaient précieux. C'est bien mal connaître les hommes d'imaginer que des Français s'intéresseront aux marches & aux contre-marches d'un Consul qui fait la guerre aux Samnites & aux Volsques, comme nous nous intéressons à la bataille d'Ivry, & au passage du Rhin à la nage.

Toute histoire ancienne doit être écrite différemment de la nôtre, & c'est à ces convenances que les auteurs des histoires anciennes ont manqué. Ils répètent & ils allongent des harangues qui ne furent jamais prononcées ; plus soigneux
de

de faire parade d'une éloquence déplacée que de discuter des vérités utiles. Les exagérations souvent puériles, les fausses évaluations des monnoies de l'antiquité & de la richesse des Etats, induisent en erreur les ignorans, & font peine aux hommes instruits. On imprime de nos jours qu'Archimède lançait des traits à quelque distance que ce fût, qu'il élevait une galère du milieu de l'eau, & la transportait sur le rivage en remuant le bout du doigt, qu'il en coûtait six cent mille écus pour nettoyer les égoûts de Rome &c.

Les histoires plus anciennes sont encore écrites avec moins d'attention. La saine critique y est plus négligée : le merveilleux, l'incroyable y domine : il semble qu'on ait écrit pour des enfans plus que pour des hommes ; le siécle éclairé où nous vivons exige dans les auteurs une raison plus cultivée.

AUX MÊMES.

Décembre 1764.

JE vois, Messieurs, par une de vos dernières gazettes, que le Gouvernement de la Suède a depuis plus de vingt ans persévéré dans l'entreprise utile de connaître à fond les forces du pays, & de commencer par un dénombrement exact. Il est dit qu'on a trouvé dans toute l'étendue de la Suède, sans compter la Poméranie,
deux

deux millions trois cent quatre-vingt-trois mille habitans. Ce calcul étonne. La Suède avec la Finlande eſt deux fois auſſi étendue que la France, qui paſſe pour contenir environ vingt millions de perſonnes ; il eſt même conſtant par le relevé de tous les Intendans du Royaume en 1698, qu'on trouva à peu près ce nombre, & la Lorraine n'était point encore ajoutée à la France. Comment un pays qui n'eſt que la moitié d'un autre peut-il avoir environ dix fois plus de citoyens ?

A territoire égal il faudrait que la France fût dix fois meilleure que la Suède ; & le territoire n'étant que la moitié, il faut que la France ſoit vingt fois meilleure.

Conſidérons d'abord qu'on doit retrancher de la carte de la Suède la mer Baltique, le golfe de Finlande, & le golfe de Bothnie, qui rempliſſent près de la moitié de ce qui conſtitue la Suède. Otons-en le Lapmarck & la Laponie, que l'on doit compter pour rien ; retranchons encore des lacs immenſes, & il ſe trouvera que le territoire habitable de la France ſera plus grand d'un tiers que le terrein habitable de la Suède.

Or ce terrein habitable étant au moins dix fois plus fertile, il n'eſt pas étonnant qu'il y ait dix fois plus de citoyens.

Ce qui me parait mériter beaucoup d'attention, c'eſt que dans la Gothie, province la plus méridionale & la plus fertile de la Suède, il y a mille deux-cent quarante-huit habitans par chaque lieuë quarrée de Suède. Or la lieuë quarrée

rée de Suède, de dix & demi au degré, est à la lieuë quarrée de France, de vingt-cinq au degré, comme quatre & deux tiers environ est à un.

Il résulte du dénombrement de la France fait par les Intendans du Royaume en 1698, que la France a six cent trente-six personnes par lieuë quarrée.

Or si la lieuë quarrée de France, qui est à la lieuë quarrée de Suède comme un est à quatre & deux tiers environ, a six cent trente-six habitans, & la lieuë quarrée Suédoise en a douze cent quarante-huit, il est clair que la lieuë quarrée de Gothie qui devrait avoir quatre fois & deux tiers autant de colons, en nourrit à peine le double; donc la même étendue de terrein en France a plus de la moitié de colons, ou d'habitans que la même étendue n'en a dans la Gothie.

Cette prodigieuse supériorité d'un pays sur un autre, peut-elle avec le tems être réduite à l'égalité? Oui, si les habitans du climat disgracié peuvent trouver le secret de changer la nature de leur sol & de se rapprocher du tropique.

Le pays pourrait-il être peuplé du double, du triple? Oui, si l'on faisait deux fois, trois fois plus d'enfans: mais qui les nourrirait, si la terre ne rend pas deux ou trois fois davantage?

Au défaut d'une récolte triple pour nourrir ce triple d'habitans, il faudrait donc avoir un commerce, par le bénéfice duquel on pût acquérir deux, & trois fois plus de denrées qu'on n'en consomme aujourd'hui. Mais comment faire ce commerce avantageux, si la nature refuse de quoi exporter à l'étranger?

La

La Commission établie pour rendre compte aux Etats assemblés, de la dépopulation de la Suède, affirme dans son mémoire, sur des preuves historiques, que le pays était, il y a trois cent ans, presque trois fois plus peuplé qu'aujourd'hui. Il est de l'intérêt de tous les hommes de connaître les preuves de cette étrange assertion ; se pourrait-il que la Suède sans commerce, sans industrie, & plus mal cultivée qu'à présent, eût pû nourrir trois fois plus d'habitans ?

Il paraît que les pays du Nord n'ont jamais été plus peuplés qu'ils ne le sont, parce que la nature a toujours été la même.

César, dans ses Commentaires, dit, que les Helvétiens désertant leur pays pour s'aller établir vers la Saintonge, partirent tous au nombre de trois cent soixante & huit mille personnes. Je ne crois pas que l'Helvétie en ait aujourd'hui davantage. Et si elle rappellait tous ses citoyens répandus dans les pays étrangers, je doute qu'elle eût de quoi leur fournir des alimens.

On parle beaucoup de population depuis quelques années. J'ose hazarder une réflexion. Notre grand intérêt est que les hommes qui existent soient heureux autant que la nature humaine, & l'extrême disproportion entre les différens états de la vie le comportent ; mais si nous n'avons pû encore procurer ce bonheur aux hommes, pourquoi tant souhaiter d'en augmenter le nombre ? est-ce pour faire de nouveaux malheureux ? La plûpart des pères de famille craignent d'avoir trop d'enfans, & les Gouvernemens

mens défirent l'accroiffement des peuples. Mais fi chaque Royaume acquiert proportionnellement de nouveaux fujets, nul n'acquérera de fupériorité.

Quand un pays a un fuperflu d'habitans, ce fuperflu eft employé utilement aux colonies de l'Amérique. Malheur aux nations qui font obligées d'y envoyer les citoyens néceffaires à l'Etat ! c'eft dégarnir la maifon paternelle pour meubler une maifon étrangère. Les Efpagnols ont commencé; ils ont rendu ce malheur indifpenfable aux autres nations.

L'Allemagne eft une pépinière d'hommes, & n'a point de colonies, que doit-il en réfulter? Que les Allemands qui font de trop chez eux peupleront les pays voifins. C'eft ainfi que la Pruffe & la Poméranie ont réparé la difette des hommes.

Très peu de pays font dans le cas de l'Allemagne: l'Efpagne & le Portugal, par exemple, ne feront jamais fort peuplés; les femmes y font peu fécondes, les hommes peu laborieux, & le tiers de la contrée eft aride.

L'Afrique fournit tous les ans environ quarante mille nègres à l'Amérique, & ne paraît pas épuifée. Il femble que la nature ait favorifé les noirs d'une fécondité qu'elle a refufée à tant d'autres nations. Le pays le plus peuplé de la terre eft la Chine, fans qu'on ait jamais fait ni de livres, ni de réglemens pour favorifer la population dont nous parlons fans ceffe. La nature fait tout fans fe foucier de nos raifonnemens.

DIALO-

DIALOGUE

traduit de l'Anglais.

Décembre 1764.

PERICLÈS, un Grec moderne, un Russe.

PERICLÈS.

J'Ai quelques questions à vous faire. Minos m'a dit que vous étiez Grec.

LE GREC.

Minos vous a dit la vérité : j'étais le très humble esclave de la sublime Porte.

PERICLÈS.

Que parlez-vous d'esclave ? un Grec esclave !

LE GREC.

Un Grec peut-il être autre chose ?

LE RUSSE.

Il a raison : Grec & esclave, c'est la même chose.

PERICLÈS.

Juste Ciel ! que je plains mes pauvres compatriotes !

LE GREC.

Ils ne sont pas si à plaindre que vous vous l'imagimaginez : pour moi j'étais affez content de ma fituation : je cultivais un petit coin de terre que le Pacha de Romélie avait eu la bonté de me donner ; & pour cela je payais un tribut à Sa Hauteffe.

PERICLÈS.

Un tribut ! Voilà un étrange mot dans la bouche d'un Grec ! Mais dites-moi en quoi confiftait cette marque humiliante de fervitude ?

LE GREC.

A abandonner une partie du fruit de mon travail, l'aîné de mes fils, & les plus belles de mes filles.

PERICLÈS.

Comment, lâche, tu livrais tes propres enfans à l'efclavage ! Vit-on jamais les contemporains de Miltiade, d'Ariftide, & de Thémiftocle !..

LE GREC.

Voilà des noms que je n'entendis prononcer de ma vie. Ces gens là étaient-ils Boftangis, Capigi-Bachis, ou Pachas à trois queuës ?

PERICLÈS *au Ruffe*.

Quels font ces titres ridicules & barbares dont le fon vient déchirer mes oreilles ? Je me fuis fans doute adreffé à quelque groffier Béotien, ou à un Spartiate imbécille ! (*au Grec.*) Vous avez fans doute entendu parler de Périclès ?

LE GREC.

De Périclès ! point du tout.... attendez.... N'eft-ce pas le nom d'un folitaire fameux ?

PERI-

PERICLÈS.

Qu'eſt-ce donc que ce ſolitaire ? Etait-ce la première perſonne de l'Etat ?

LE GREC.

Bon ! ces gens là n'ont rien de commun avec l'Etat, ni l'Etat rien de commun avec eux.

PERICLÈS.

Par quel moyen ce ſolitaire eſt-il donc devenu fameux ? a-t-il, comme moi, livré des batailles, & fait des conquêtes pour ſa patrie ? a-t-il érigé quelques grands monumens aux Dieux, ou formé quelques établiſſemens utiles au public ? a-t-il protégé les arts & encouragé le mérite ?

LE GREC.

Non, l'homme dont je veux parler ne ſavait ni lire, ni écrire ; il habitait dans une cabane où il vivait de racines. La première choſe qu'il faiſait dès le matin était de ſe déchirer les épaules à coups de fouët : il offrait à Dieu ſes flagellations, ſes veilles, ſes jeunes & ſon ignorance.

PERICLÈS.

Et vous croyez que la réputation de ce moine peut égaler la mienne ?

LE GREC.

Aſſurément : nous autres Grecs nous révérons ſa mémoire autant que celle d'aucun homme.

PERICLÈS.

O Deſtinée !... Mais, dites-moi, ma mémoire

moire n'est-elle pas toujours en vénération à Athènes ? dans cette ville où j'ai introduit la magnificence & le bon goût ?

LE GREC.

C'est ce que je ne saurais vous dire. J'habitais un endroit qu'on appelle Sétines ; c'est un petit misérable village, qui tombe en ruines, mais qui, à ce que j'ai ouï dire, fut autrefois une ville magnifique.

PERICLÈS.

Ainsi vous connaissez aussi peu la fameuse & superbe ville d'Athènes, que les noms de Thémistocle & de Périclès ? Il faut que vous ayez vécu en quelque endroit souterrain, dans un quartier inconnu de la Grèce.

LE RUSSE.

Point du tout, il vivait dans Athènes même.

PERICLÈS.

Comment ? il vivait dans Athènes, & il ne me connaît point ! il ne sait pas même le nom de cette ville fameuse !

LE RUSSE.

Des milliers d'hommes habitent actuellement dans Athènes, & n'en savent pas plus que lui. Cette cité, jadis si opulente & si fière, n'est plus aujourd'hui qu'un pauvre & sale bourg appellé Sétines.

PERICLÈS.

Puis-je croire ce que vous me dites-là ?

LE RUSSE.

Tel est l'effet des ravages du tems, & des inondations des barbares, plus destructeurs encore que le tems.

PERICLÈS.

Je sais très bien que les successeurs d'Alexandre subjuguèrent la Grèce ; mais Rome ne lui rendit-elle pas la liberté ? Je n'ose pousser plus loin mes recherches, de crainte d'apprendre que ma patrie retomba dans l'esclavage.

LE RUSSE.

Elle a depuis ce tems là changé plusieurs fois de maîtres. Pendant un certain période la Grèce a partagé avec les Romains l'Empire du monde; Empire que ces deux puissances réunies n'ont pû conserver ; mais pour ne parler que de la Grèce, elle a subi tour à tour le joug des Français, des Vénitiens & des Turcs.

PERICLÈS.

Voilà trois nations barbares qui me sont absolument inconnuës.

LE RUSSE.

Je reconnais bien un ancien Grec à ce langage. Tous les étrangers étaient à vos yeux des barbares, sans en excepter même les Egyptiens, à qui vous deviez le germe de toutes vos connaissances. J'avoue qu'anciennement les Turcs ne connaissaient guères que l'art de conquérir, & qu'aujourd'hui ils ne savent guères que celui de garder leurs conquêtes ; mais les Vénitiens, & sur-tout les Français, ont égalé vos Grecs

à

à plus d'un égard, & les ont furpaffé à beaucoup d'autres.

PERICLÈS.

Voilà une fort belle peinture ; mais je crains bien qu'il n'y entre un peu de vanité. Dites-moi, mon ami, n'êtes-vous pas Français ?

LE RUSSE.

Point du tout, je fuis Ruffe.

PERICLÈS.

A coup fûr les habitans de la terre entière ont changé de nom depuis que j'habite dans l'Elifée : je n'ai pas plus entendu parler des Ruffes que des Français, des Venitiens & des Turcs. Cependant les connaiffances que vous montrez me font préfumer que votre nation eft très ancienne. Ne ferait-elle pas un refte des Egyptiens dont vous difiez tout à l'heure de fi belles chofes ?

LE RUSSE.

Non ; je ne connais ce peuple que par vos hiftoriens : pour notre nation, elle defcend des Scythes & des Sarmates.

PERICLÈS.

Eft-il poffible qu'un defcendant des Sarmates & des Scythes connaiffe mieux l'état de l'ancienne Grèce, que ne le connaît un Grec moderne ?

LE RUSSE.

Il y a tout au plus cinquante ans que nous avons entendu parler des Egyptiens, des Grecs & des Sarmates ; un de nos Souverains s'étant trouvé homme de génie, forma le deſſein de bannir l'ignorance de ſes Etats, & l'on vit s'y élever rapidement les arts & les ſciences, des académies & des ſpectacles. Nous avons étudié l'hiſtoire de tous les peuples, & notre hiſtoire a mérité l'attention des autres peuples.

PERICLÈS.

J'avouë que pour produire ces ſortes de métamorphoſes, il ne faut dans un Prince que la volonté & le courage; mais il eſt plus vrai encore que j'ai perdu bien du tems; j'eſpérais avoir rendu mon nom immortel, & je vois qu'il eſt déja oublié dans mon propre pays.

LE RUSSE.

Je vous dirai, pour vous conſoler, qu'il eſt connu dans le mien, & c'eſt à quoi je ſuis bien ſûr que vous ne vous attendiez pas.

PERICLÈS.

J'en conviens : cependant je ne peux m'empêcher de regretter qu'Athènes ait oublié tout ce que j'ai fait pour elle. Allons, je vais me conſoler avec Oſiris, Minos, Licurgue, Solon, & tous ces légiſlateurs & fondateurs d'Empires, dont les actions & les maximes ſont comme les miennes plongées dans l'oubli. Je vois que la ſcience eſt un aſtre qui peut n'éclairer qu'une partie du globe à la fois, mais qui répand ſa lumière ſucceſſivement ſur chacune d'elles. Le jour tombe chez une nation, dans l'inſtant où il ſe lève ſur une autre.

ÉLOGE

ELOGE HISTORIQUE

de Madame la Marquise DU CHATELET.

NB. Cet éloge devait être mis à la tête de la traduction de Newton.

1 7 5 4.

CEtte traduction, que les plus savans hommes de France devaient faire, & que les autres doivent étudier, une Dame l'a entreprise & achevée, à l'étonnement & à la gloire de son pays. Gabrielle-Emilie de Breteuil, épouse du Marquis du Châtelet-Lomont, Lieutenant-Général des armées du Roi, est l'auteur de cette traduction, devenue nécessaire à tous ceux qui voudront acquérir ces profondes connaissances, dont le monde est redevable au grand Newton.

C'eût été beaucoup pour une femme de savoir la Géométrie ordinaire, qui n'est pas même une introduction aux vérités sublimes enseignées dans cet ouvrage immortel; on sent assez qu'il falait que Madame la Marquise du Châtelet fût entrée bien avant dans la carrière que Newton avait ouverte, & qu'elle possédât ce que ce grand-homme avait enseigné. On a vû deux prodiges;

l'un que Newton ait fait cet ouvrage, l'autre qu'une Dame l'ait traduit, & l'ait éclairci.

Ce n'était pas son coup d'essai ; elle avait auparavant donné au public une explication de la philosophie de Leibnitz, sous le titre d'*Institutions de physique addressées à son fils* ; auquel elle avait enseigné elle-même la Géométrie.

Le discours préliminaire qui est à la tête de ces institutions, est un chef-d'œuvre de raison & d'éloquence : elle a répandu dans le reste du livre une méthode & une clarté que Leibnitz n'eut jamais, & dont ses idées ont besoin, soit qu'on veuille seulement les entendre, soit qu'on veuille les réfuter.

Après avoir rendu les imaginations de Leibnitz intelligibles, son esprit qui avait acquis encore de la force & de la maturité par ce travail même, comprit que cette métaphysique si hardie, mais si peu fondée, ne méritait pas ses recherches : son ame était faite pour le sublime, mais pour le vrai. Elle sentit que les monades, & l'harmonie préétablie devaient être mises avec les trois élémens de Descartes, & que des systèmes qui n'étaient qu'ingénieux, n'étaient pas dignes de l'occuper. Ainsi après avoir eu le courage d'embellir Leibnitz, elle eut celui de l'abandonner ; courage bien rare dans quiconque a embrassé une opinion ; mais qui ne coûta guères d'efforts à une ame passionnée pour la vérité.

Défaite de tout espoir de système, elle prit pour sa régle celle de la Société Royale de Londres, *nullius in verba* ; & c'est parce que la bonté de son esprit l'avait rendue ennemie des
par-

partis & des systèmes, qu'elle se donna toute entière à Newton. En effet Newton ne fit jamais de système, ne supposa jamais rien, n'enseigna aucune vérité qui ne fût fondée sur la plus sublime Géométrie, ou sur des expériences incontestables. Ses conjectures qu'il a hazardées à la fin de son livre, sous le nom de recherches, ne sont que des doutes ; il ne les donne que pour tels, & il serait presque impossible que celui qui n'avait jamais affirmé que des vérités évidentes, n'eût pas douté de tout le reste.

Tout ce qui est donné ici pour principe est en effet digne de ce nom ; ce sont les premiers ressorts de la nature, inconnus avant lui ; & il n'est plus permis de prétendre à être physicien sans les connaître.

Il faut donc bien se garder d'envisager ce livre comme un système, c'est-à-dire, comme un amas de probabilités qui peuvent servir à expliquer bien ou mal quelques effets de la nature.

S'il y avait encore quelqu'un assez absurde pour soutenir la matière subtile, & la matière cannelée, pour dire que la terre est un soleil encrouté, que la lune a été entraînée dans le tourbillon de la terre, que la matière subtile fait la pesanteur, pour soutenir toutes ces autres opinions romanesques substituées à l'ignorance des anciens, on dirait, Cet homme est Cartésien ; s'il croyait aux Monades, on dirait, il est Leibnitien ; mais on ne dira pas de celui qui sait les élémens d'Euclide qu'il est Euclidien ; ni de celui qui sait d'après Galilée en quelle proportion les corps tombent, qu'il est Galiléeiste :

aussi en Angleterre ceux qui ont appris le calcul infinitésimal, qui ont fait les expériences de la lumière, qui ont appris les loix de la gravitation, ne sont point appellés Newtoniens ; c'est le privilège de l'erreur de donner son nom à une secte. Si Platon avait trouvé des vérités, il n'y aurait point eu de Platoniciens, & tous les hommes auraient appris peu à peu ce que Platon aurait enseigné ; mais parce que dans l'ignorance qui couvre la terre, les uns s'attachaient à une erreur, les autres à une autre, on combattait sous différens étendarts ; il y avait des Péripatéticiens, des Platoniciens, des Epicuriens, des Zénonistes, en attendant qu'il y eût des sages.

Si on appelle encore en France Newtoniens les philosophes qui ont joint leurs connaissances à celles dont Newton a gratifié le genre humain, ce n'est que par un reste d'ignorance & de préjugé. Ceux qui savent peu & ceux qui savent mal, ce qui compose une multitude prodigieuse, s'imaginèrent que Newton n'avait fait autre chose que combattre Descartes, à peu près comme avait fait Gassendi. Ils entendirent parler de ses découvertes, & ils les prirent pour un système nouveau. C'est ainsi que quand Harvée eut rendu palpable la circulation du sang, on s'éleva en France contre lui : on appella Harvéistes & circulateurs ceux qui osaient embrasser la vérité nouvelle que le public ne prenait que pour une opinion. Il le faut avouer, toutes les découvertes nous sont venues d'ailleurs, & toutes ont été combattues. Il n'y a pas jusqu'aux expériences que Newton avait
faites

faites sur la lumière, qui n'ayent essuyé parmi nous de violentes contradictions. Il n'est pas surprenant après cela que la gravitation univerfelle de la matière ayant été démontrée, ait été aussi combattue.

Les sublimes vérités que nous devons à Newton, ne se font pleinement établies en France qu'après une génération entière de ceux qui avaient vieilli dans les erreurs de Descartes : car toute vérité, comme tout mérite, à les contemporains pour ennemis.

Turpe putaverunt parere minoribus, & quæ
Imberbes didicere, senes perdenda fateri.

Madame du Châtelet a rendu un double service à la postérité en traduisant le livre des principes, & en l'enrichissant d'un commentaire. Il est vrai que la langue latine dans laquelle il est écrit, est entendue de tous les savans ; mais il en coûte toujours quelques fatigues à lire des choses abstraites dans une langue étrangère. D'ailleurs le latin n'a pas de termes pour exprimer les vérités mathématiques & physiques qui manquaient aux anciens.

Il a fallu que les modernes créassent des mots nouveaux pour rendre ces nouvelles idées ; c'est un grand inconvénient dans les livres de science, & il faut avouer que ce n'est plus guères la peine d'écrire ces livres dans une langue morte, à laquelle il faut toujours ajouter des expressions inconnues à l'antiquité, & qui peuvent causer de l'embarras. Le français qui est la langue courante de l'Europe, & qui s'est enrichi
de

de toutes ces expreſſions nouvelles & néceſſaires, eſt beaucoup plus propre que le latin à répandre dans le monde toutes ces connaiſſances nouvelles.

A l'égard du Commentaire algébrique, c'eſt un ouvrage au-deſſus de la traduction. Madame du Châtelet y travailla ſur les idées de Mr. Clairaut, elle fit tous les calculs elle-même, & quand elle avait achevé un chapitre, Mr. Clairaut l'éxaminait, & le corrigeait. Ce n'eſt pas tout; il peut dans un travail ſi pénible échapper quelque mépriſe : il eſt très aiſé de ſubſtituer en écrivant un ſigne à un autre. Mr. Clairaut faiſait encore revoir par un tiers les calculs quand ils étaient mis au net, de ſorte qu'il eſt moralement impoſſible qu'il ſe ſoit gliſſé dans cet ouvrage une erreur d'inattention, & ce qui le ſerait du moins autant, c'eſt qu'un ouvrage où Mr. Clairaut a mis la main ne fût pas excellent en ſon genre.

Autant qu'on doit s'étonner qu'une femme ait été capable d'une entrepriſe qui demandait de ſi grandes lumières, & un travail ſi obſtiné, autant doit-on déplorer ſa perte prématurée; elle n'avait pas encore entiérement terminé le commentaire, lorſqu'elle prévit que la mort allait l'enlever. Elle était jalouſe de ſa gloire, & n'avait point cet orgueil de la fauſſe modeſtie, qui conſiſte à paraître mépriſer ce qu'on ſouhaite, & à vouloir paraître ſupérieure à cette gloire véritable, la ſeule récompenſe de ceux qui ſervent le public, la ſeule digne des grandes ames, qu'il eſt beau de rechercher, & qu'on
n'af-

n'affecte de dédaigner que quand on eſt incapable d'y atteindre.

C'eſt ce ſoin qu'elle avait de ſa réputation, qui la détermina quelques jours avant ſa mort à dépoſer à la bibliothèque du Roi ſon livre tout écrit de ſa main.

Elle joignit à ce gout pour la gloire une ſimplicité qui ne l'accompagne pas toujours, mais qui eſt ſouvent le fruit des études ſérieuſes. Jamais femme ne fut ſi ſavante qu'elle, & jamais perſonne ne mérita moins qu'on dit d'elle : c'eſt une femme ſavante. Elle ne parlait jamais de ſcience qu'à ceux avec qui elle croyait pouvoir s'inſtruire, & jamais elle n'en parla pour ſe faire remarquer. On ne la vit point raſſembler de ces cercles où il ſe fait une guerre d'eſprit, où l'on établit une eſpèce de tribunal où l'on juge ſon ſiécle, par lequel en récompenſe on eſt jugé très ſévérement. Elle a vécu longtems dans des ſociétés où l'on ignorait ce qu'elle était, & elle ne prenait pas garde à cette ignorance.

Les Dames qui jouaient avec elle chez la Reine, étaient bien loin de ſe douter qu'elles fuſſent à côté du commentateur de Newton : on la prenait pour une perſonne ordinaire, ſeulement on s'étonnait quelquefois de la rapidité & de la juſteſſe avec laquelle on la voyait faire les comptes & terminer les différends ; dès qu'il y avait quelque combinaiſon à faire, la philoſophe ne pouvait plus ſe cacher. Je l'ai vûe un jour diviſer juſqu'à neuf chiffres par neuf autres chiffres de tête, & ſans aucun ſecours, en préſence d'un Géomètre étonné, qui ne pouvait la ſuivre.   Née

Née avec une éloquence singulière, cette éloquence ne se déployait que quand elle avait des objets dignes d'elle ; ces lettres où il ne s'agit que de montrer de l'esprit, ces petites finesses, ces détours délicats que l'on donne à des pensées ordinaires, n'entraient pas dans l'immensité de ses talens. Le mot propre, la précision, la justesse & la force étaient le caractère de son éloquence. Elle eût plutôt écrit comme Pascal & Nicole que comme Madame de Sévigné. Mais cette fermeté sévère, & cette trempe vigoureuse de son esprit ne la rendait pas inaccessible aux beautés de sentiment. Les charmes de la poësie & de l'éloquence la pénétraient, & jamais oreille ne fut plus sensible à l'harmonie. Elle savait par cœur les meilleurs vers, & ne pouvait souffrir les médiocres. C'était un avantage qu'elle eut sur Newton, d'unir à la profondeur de la philosophie le gout le plus vif & le plus délicat pour les belles-lettres. On ne peut que plaindre un philosophe réduit à la sécheresse des vérités, & pour qui les beautés de l'imagination & du sentiment sont perdues.

Dès sa tendre jeunesse elle avait nourri son esprit de la lecture des bons auteurs en plus d'une langue. Elle avait commencé une traduction de l'Eneïde, dont j'ai vû plusieurs morceaux remplis de l'ame de son auteur : elle apprit depuis l'italien & l'anglais. Le Tasse & Milton lui étaient familiers comme Virgile : elle fit moins de progrès dans l'espagnol, parce qu'on lui dit qu'il n'y a guères dans cette langue qu'un livre célèbre, & que ce livre est frivole.

L'étude

L'étude de sa langue fut une de ses principales occupations. Il y a d'elle des remarques manuscrites, dans lesquelles on découvre, au milieu de l'incertitude & de la bizarrerie de la grammaire, cet esprit philosophique qui doit dominer par-tout, & qui est le fil de tous les labyrinthes.

Parmi tant de travaux, que le savant le plus laborieux eût à peine entrepris, qui croirait qu'elle trouva du tems, non-seulement pour remplir tous les devoirs de la société, mais pour en rechercher avec avidité tous les amusemens? Elle se livrait au plus grand monde comme à l'étude. Tout ce qui occupe la société était de son ressort, hors la médisance. Jamais on ne l'entendit relever un ridicule. Elle n'avait ni le tems, ni la volonté de s'en appercevoir; & quand on lui disait que quelques personnes ne lui avaient pas rendu justice, elle répondait qu'elle voulait l'ignorer. On lui montra un jour je ne sais quelle misérable brochure, dans laquelle un auteur, qui n'était pas à portée de la connaître, avait osé mal parler d'elle; elle dit que si l'auteur avait perdu son tems à écrire ces inutilités, elle ne voulait pas perdre le sien à les lire: & le lendemain ayant sû qu'on avait renfermé l'auteur de ce libelle, elle écrivit en sa faveur, sans qu'il l'ait jamais sû.

Elle fut regrettée à la Cour de France autant qu'on peut l'être dans un pays où les intérêts personnels font si aisément oublier tout le reste. Sa mémoire a été précieuse à tous ceux qui l'ont connue particuliérement, & qui ont été à portée de voir l'étendue de son esprit, & la grandeur de son ame.

Il eût été heureux pour ses amis qu'elle n'eût pas entrepris cet ouvrage dont les savans vont jouïr : on peut dire d'elle, en déplorant sa destinée, *periit arte suâ*.

Elle se crut frappée à mort longtems avant le coup qui nous l'a enlevée : dès-lors elle ne songea plus qu'à employer le peu de tems qu'elle prévoyait lui rester, à finir ce qu'elle avait entrepris, & à dérober à la mort ce qu'elle regardait comme la plus belle partie d'elle-même. L'ardeur & l'opiniâtreté du travail, des veilles continuelles dans un tems où le repos l'aurait sauvée, amenèrent enfin cette mort qu'elle avait prévuë. Elle sentit sa fin approcher, & par un mélange singulier de sentimens, qui semblaient se combattre, on la vit regretter la vie & regarder la mort avec intrépidité. La douleur d'une séparation éternelle affligeait sensiblement son ame ; & la philosophie dont cette ame était remplie lui laissait tout son courage. Un homme qui s'arrache tristement à sa famille désolée, & qui fait tranquillement les préparatifs d'un long voyage, n'est que le faible portrait de sa douleur & de sa fermeté ; de sorte que ceux qui furent les témoins de ses derniers momens, sentaient doublement sa perte par leur propre affliction, & par ses regrets, & admiraient en même tems la force de son esprit, qui mêlait à des regrets si touchans une constance si inébranlable.

Elle est morte au palais de Luneville, le 10. Aoust 1749. à l'âge de quarante-trois ans & demi, & a été inhumée dans la chapelle voisine.

LE PRÉSIDENT DE THOU
justifié contre les accusations de Mr. DE BURI, *auteur d'une Vie de* HENRI IV.

Tout homme de lettres, tout bon Français doit être étonné & affligé de voir notre illustre Président de Thou indignement traité dans la Préface que M. de Buri a mise au-devant de son Histoire de la Vie de Henri IV. Voici comme il s'exprime sur un des plus grands hommes que nous ayons jamais eus dans la Magistrature & dans les Lettres.

„ L'Histoire, dit-il, ne doit point être un
„ recueil de bons mots & d'épigrammes, en-
„ core moins de satyres & de médisances, aux-
„ quels se livrent les Historiens qui veulent
„ donner de l'esprit, & le font souvent aux
„ dépens de la vérité. Nous avons beaucoup
„ d'Écrivains qui ont acquis leur principale ré-
„ putation par le mal qu'ils ont affecté de di-
„ re des Princes & des particuliers, tels sont
„ entre autres de Thou & Mézerai, Écrivains
„ recherchés par les médisances qu'ils ont ré-
„ pandues dans leurs ouvrages, parce que
„ beaucoup de personnes s'imaginent que ce
„ sont des actes de vérité.

Il faudrait au moins savoir parler sa langue

gue lorſqu'on oſe cenſurer ſi durement un Hiſtorien qui a écrit auſſi purement que le Préſident de Thou, dans une langue étrangère. On ne dit point *donner de l'eſprit* tout court; on dit donner de l'eſprit à ceux que l'on fait parler, & pour cela il faut en avoir. Cette expreſſion *donner de l'eſprit*, n'eſt pas françaiſe. On ne dit point *des actes de vérité*, comme on dit des actes de foi, de charité, de juſtice.

„ La plûpart des Auteurs, continue-t-il, ont
„ voulu imiter Tacite, dont le ſtile a gâté beau-
„ coup d'Hiſtoriens par la malignité de ſes ré-
„ flexions, qui n'ont rien de naturel, ni d'in-
„ nocent. "

Il auroit dû voir que le ſtile n'a rien de commun avec la malignité des réflexions; on peut avoir un bon ou un mauvais ſtile, ſoit qu'on faſſe une ſatyre, ſoit qu'on faſſe un panégyrique. Et *une malignité qui n'a rien d'innocent*, eſt aſſurément une phraſe qui n'a rien de ſpirituel.

Eſt-il permis à un homme qui écrit ainſi, de reprocher à M. de Thou du *pédantiſme?* Il le condamne, ſur-tout parce qu'il a écrit en Latin. Ne ſait-il pas que du tems de M. de Thou le latin était encore la langue univerſelle des ſavans. Le français n'était pas formé; il fallait écrire en latin pour être lû de toutes les Nations.

Une telle Préface révolte tout honnête homme; & lorſqu'on voit enſuite l'Auteur parler de lui-même, en commençant la vie de Henri ri IV, & dire qu'il a déja donné au Public la Vie de Philippe de Macédoine, on voit que ce pédant de Thou, qui peut-être était en droit, par son rang & son mérite, d'oser parler de lui dans son admirable Histoire, n'a pourtant point eu un *pédantisme* si déplacé.

Le sieur de Buri ne devait ni se citer ainsi lui-même, ni insulter un grand homme, mais il devait mieux écrire.

„ Son courage, dit-il, en parlant d'Henri IV, „ étoit presque au dessus de l'humanité. Il „ est toujours sorti des occasions périlleuses, „ victorieux & avec avantage. "

Le terme d'*humanité* fait ici une équivoque qui n'est pas permise. Et quand on sort *victorieux* d'une action périlleuse, apparemment qu'on en sort aussi avec *avantage*. Ce n'est pas là le stile du *pédant de Thou*.

Je ne remarque ces fautes, dans le début de cette Histoire, que pour faire voir combien il est indécent à un homme qui écrit si mal, de se déchaîner contre le plus éloquent de nos Historiens. Je ne parlerai point des fautes de langage qui sont en trop grand nombre dans cet ouvrage, je passe à des objets plus importans.

L'Auteur remonte jusqu'à la mort de François I, & dit que ce Monarque laissa dans son trésor quatre millions d'espéces. Je ne veux point trop blâmer ici l'usage où sont tant d'Auteurs de répéter ce que d'autres ont dit; mais il faut au moins s'expliquer d'une maniére intelligible. Quatre millions d'espéces ne signifient rien. Le *pédant de Thou* nous apprend que François I. laiffa quatre cent mille écus d'or, outre le quart des revenus, dont le recouvrement n'était pas encore fait, ce qui ne compofe point quatre millions d'efpéces, mais feize cent mille livres numériques, à trois livres l'écu d'or.

Venant enfuite à la paix de Cateau-Cambrefis, faite avec Philippe II, l'Auteur dit, *qu'on rendit les conquêtes de part & d'autre, excepté Metz, Toul & Verdun.* On croirait, par cet énoncé, que Henri II. avait pris Metz, Toul & Verdun fur Philippe ; mais il les avait prifes fur l'Allemagne, & il n'en fut point du tout queftion dans le traité de Cateau-Cambrefis.

_{Tom. I.
pag. 13.}

Il eft bien étrange que dans la Vie de Henri IV. on parle des batailles de Jarnac, de Moncontour, & de la St. Barthelemi, avant de parler de la naiffance de ce Prince, de fon éducation, & de la part qu'il eut à tous ces événemens ; & il eft encore plus étrange que l'Auteur en revenant fur fes pas & en parlant de la St. Barthelemi, ne nomme aucun de ceux qui étaient alors auprès de Henri de Navarre, & qui fe cachèrent jufques fous le lit de la Princeffe Marguerite, fa femme. Il ne parle point de ceux qui furent égorgés entre fes bras. La réticence fur des faits fi intéreffans, n'eft pas pardonnable.

Il eft encore plus répréhenfible de ne pas dire que Henri IV. étant gardé à vue après la St. Barthelemi, changea de Religion. C'eft un fait fi important, & le nom de relaps qu'on lui donna

donna depuis, suscita contre lui tant d'ennemis, & fut pour eux un prétexte si spécieux, qu'il est impossible de se faire une idée nette des traverses qu'il essuya ; quand on omet ce qui en a été le principe, c'est pécher contre la principale loi de l'Histoire. Il est vrai que quarante pages après, il dit un mot qui suppose cette abjuration de Henri IV. Mais un mot qui n'est pas à sa place ne suffit pas ; *& jam nunc dicat, jam nunc &c.*

Je passe bien des fautes de cette espèce pour arriver à la mort du Prince Henri de Condé en 1587. On ne trouve que cinq ou six lignes sur ce fatal événement. Henri IV, alors Roi de Navarre, n'était qu'à quelques lieues de St. Jean d'Angeli, où le Prince Henri de Condé était mort. Les lettres qu'il écrivit sur cette mort sont un des plus précieux monuments de l'Histoire, elles sont connues, elles sont authentiques ; je les transcrirais ici si elles n'étaient pas imprimées à la fin du cinquiéme volume de l'Essay sur l'histoire générale, édition de 1761.

Ce sont là des monumens précieux, absolument nécessaires à un Historien qui doit s'instruire avant que d'instruire le public. Ce n'est pas la peine de répéter des faits rebattus, & de transcrire sans choix les mémoires composés par les Sécrétaires du Duc de Sulli, & trop corrigés par l'Abbé de l'Ecluse. Qui n'a rien de nouveau à dire, doit se taire, ou du moins se faire pardonner son inutilité par son éloquence

Il faut sur-tout, quand on répéte, ne se pas tromper. L'exactitude doit venir au secours de la stérilité.

L'Auteur s'exprime ainsi sur le Prince Palatin Casimir, qui vint plusieurs fois faire la guerre en France : „ on donna au Prince Casimir, „ pour le renvoyer dans ses Etats, une satis- „ faction tant en argent qu'en présents.

Tom. I. pag. 86.

Ce Prince Casimir ne put être renvoyé dans ses Etats, car il n'en avait point. Il était le quatriéme fils de Frederic III. Electeur Palatin ; mais c'était un Prince entreprenant & courageux, qui offrait ses services à tous les partis qui désolaient alors la France. Le Roi Henri III lui avait donné une compagnie de cent hommes d'armes, le Duché d'Etampes & des pensions. Voilà le Prince que Mr. de Bury nous donne pour un Souverain, dans une histoire où il veut réformer tous ceux qui ont écrit avant lui.

On sait que le Pape Sixte V eut l'insolence d'envoyer en 1589 un Monitoire par lequel il ordonnait au Roi de se rendre à Rome dans trente jours pour se justifier de la mort du Cardinal de Guise ; l'Auteur dit : „ que le Roi fut „ cité à comparoir dans trente jours à Rome.

Tom. I. pag. 287.

Il semble par cette expression que Sixte-Quint ait écrit ce monitoire en français, & qu'il se soit servi du langage de notre Barreau. Il était écrit en latin selon l'usage de Rome. L'Auteur devait se servir du mot de *comparaitre*, pour lever cette équivoque.

L'Auteur, après l'assassinat de Henri III, par

le Jacobin Jacques Clément, ne devait pas omettre l'arrêt que porta en perſonne Henri IV contre le cadavre du Moine, & l'interrogation faite par le grand Prévôt de l'Hôtel au Procureur Général Laguefle, qui avait introduit cet aſſaſſin. Lorſqu'on fait une hiſtoire de Henri IV en quatre volumes, un fait auſſi ſingulier ne doit pas être paſſé ſous ſilence. Nous avons encore le Procès criminel fait au cadavre. Il commence par le paſſeport donné à Jacques Clément par le Comte de Brienne de la Maiſon de Luxembourg, & eſt ſigné *Charles de Luxembourg*, du 29 Juillet 1559, & plus bas, par mondit Seigneur, *de Geoffre*.

Les interrogatoires & confrontations ſont ſignés, François du Pleſſis, Seigneur de Richelieu, grand Prévôt de l'Hôtel, de la Gueſle, du Mont, Monciries, Gentilhomme ordinaire de la Chambre, d'Aupou, *idem*, Roger de Bellegarde, premier Gentilhomme de la Chambre & grand Ecuyer, Savari de Bonrepos, Gentilhomme ordinaire, Antoine Portail, Valet de chambre & Chirurgien du Roi. L'arrêt ſigné *Henri*, & plus bas *Ruzé*, le 2 Août 1589, eſt conçu en ces termes.

„ Le Roi étant en ſon Conſeil, après avoir ouï
„ le rapport fait par le Sieur de Richelieu, Chevalier de ſes Ordres, Conſeiller en ſon Conſeil d'Etat, Prévôt de ſon Hôtel & grand Prévôt de France, du Procès fait au corps mort
„ de feu Jacques Clément Jacobin, pour raiſon
„ de l'aſſaſſinat commis en la perſonne de feu
„ bonne mémoire Henri de Valois n'a guères
„ Roi

„ Roi de France & de Pologne. Sa Majesté de
„ l'avis de sondit Conseil, a ordonné & ordonne
„ que le corps dudit Clément soit tiré à qua-
„ tre chevaux; ce fait, ledit corps brûlé & mis
„ en cendres, jetté en la riviére, à ce qu'il
„ n'en soit à l'avenir aucune mémoire. Fait à
„ St. Cloud, Sadite Majesté y étant.

Un homme qui fait une Histoire de Henri IV. après de Thou, Mézerai, Daniel & tant d'autres, doit au moins puiser quelque chose de nouveau dans les sources. Et ce n'est pas la peine d'écrire quand on ne fait que répéter & tronquer sans ordre & sans liaison des faits connus de tout le monde.

Ce qui fait peine encore dans cette Histoire, c'est que les événements n'y sont presque jamais à leur place. On y parle souvent de faits dont on n'a précédemment donné aucune idée; le Lecteur ne sait point où il en est, il se trouve continuellement égaré; en voici un exemple:

En parlant de la mort du Duc d'Anjou dernier fils du Roi Henri II, l'Auteur s'exprime ainsi; „ Le bruit courut qu'il avait été em-
Tom. I. „ poisonné, mais la véritable cause de sa mort
pag. 142. „ fut le chagrin qu'il avait conçu du mauvais
„ succès de ses entreprises, & en dernier lieu
„ de celle d'Anvers.

Mais par qui & pourquoi aurait-il été empoisonné? Quelles étaient ses entreprises? Quelle était celle d'Anvers? C'est ce que l'Auteur ne dit pas; & c'est sur quoi de Thou & Mezerai, que l'Auteur méprise si fort, donnent de grandes lumiéres. „ Le

,, Le Légat voyant une armée victorieuse Tom. II.
,, près de Paris. " Quel était ce Légat ? il était pag. 32.
important de le savoir ; l'Auteur n'en dit qu'un
seul mot dans le premier tome. Il devait dire que
Sixte - Quint envoya en France le Cardinal
Caëtan avec le Jésuite Bellarmin & Panigarole,
& que tous trois étaient vendus à Philippe II;
qu'il arriva à Lyon le 9. Novembre 1589 ;
que Henri IV. en le déclarant son ennemi,
& en protestant de nullité contre toutes ses
entreprises, eut la générosité & la prudence de
le faire recevoir avec honneur dans toutes les
Villes qui lui obéissaient. Il falait surtout dire
que ce Légat dont le Duc de Mayenne se défiait
autant que Henri IV, cabalait alors, c'est-à-
dire en 1590, pour faire donner le Royaume
de France à l'Infante Claire Eugenie.

Les Etats de la Ligue tenus en 1593, furent l'époque la plus célébre & la plus critique qu'on eût vue en France depuis les temps
de Philippe de Valois & de Charles VI. Il s'a-
gissait non-seulement d'abolir la Loi Salique,
comme sous le régne de Philippe, mais de
placer une fille sur le Trône, & même une fille
étrangère. Philippe II promettait cinquante mille hommes pour soutenir l'élection de l'Infante
Claire Eugenie qui devait épouser le fils du
Duc de Guise le Balafré, tué à Blois.

Le Duc de Mayenne qui avait alors dans
Paris la puissance d'un Roi de France, sans
en avoir le titre, allait perdre tout le fruit de
la guerre civile & devenir le premier Sujet de
son Neveu dont il était jaloux.

Henri IV., fans argent & prefque fans armée, ayant contre lui les Catholiques, & environné de factions, n'aurait pu réfifter, probablement, aux tréfors & aux armes de Philippe II, le plus puiffant Monarque de l'Europe. Le Duc de Mayenne fauva la France en ne confultant que fes propres intérêts & fa jaloufie contre le jeune Duc de Guife. Il était trop Roi dans Paris, pour ne pas empêcher qu'on lui donnât un Roi. Maître du Parlement, de la Ligue, fiégeant à Paris, il eft très vraifemblable qu'il engagea fous main ce Parlement à rompre les mefures des Efpagnols, à protefter contre l'élection d'une Infante, à foutenir la Loi Salique. Ce fut principalement ce qui déconcerta les Etats.

Le Préfident de Thou ne defcend pas fans doute jufqu'à rapporter ces harangues baffes & ridicules de la Satyre Ménipée, au lieu de rapporter la fubftance de ce qui fut en effet propofé. Il eft trop grave, trop fage, trop inftruit, pour dire que la Satyre Ménipée *ouvrit les yeux à beaucoup de perfonnes*, & contribua *à faire rentrer* dans leur devoir une partie de ceux qui s'en étaient écartés.

C'eft bien mal connaitre les hommes, que de prétendre qu'une Satyre empêche des hommes d'Etat de pourfuivre leurs entreprifes.

Il eft très certain que la Satyre Ménipée ne parut point pendant la tenue des Etats; elle ne fut connue qu'en 1594, plufieurs mois après l'abjuration du Roi. La premiére édition fut commencée fur la fin de l'année 1593, & ne fut

fut achevée que quand le Roi fut entré dans Paris. Cela eſt inconteſtable, puiſque tout l'ouvrage ne fut achevé & ne put l'être qu'en 1594; car il y eſt parlé de pluſieurs faits qui ne ſe paſſérent que longtems après la diſſolution des Etats, comme l'avanture du Conſeiller d'Amour, celle de Mr. Vitri, du banniſſement de d'Aubray & du meurtre de S. Pol.

Mr. de Buri croit s'appuyer de l'Abrégé Chronologique du Préſident Hainaut, qui dit que la Satyre Ménipée ne fut guère moins utile à Henri IV. que la bataille d'Ivry; mais il ajoute *peut-être*, & il fait très-bien.

Ce qui réellement porta le dernier coup aux Etats, & ce qui mit Henri IV. ſur ſon Trône, ce fut le parti qu'il prit d'abjurer; & c'était en effet le ſeul parti qui reſtât à ſa politique. Le mot ſi célébre de ce Monarque, *Ventre-ſaint-gris*, *Paris vaut bien une Meſſe*, eſt une plaiſanterie ſi connue, & en même tems ſi innocente, ſur-tout dans un tems où la liberté des expreſſions était extrême, que l'Auteur n'a aucune raiſon de nier cette ſaillie de Henri IV. Il faudrait pour être en droit de la nier, raporter quelque autorité contraire, & il n'en produit, ni n'en peut produire aucune.

La fameuſe lettre de Henri à Gabrielle d'Etrées, conſervée à la bibliothéque du Roi, eſt un monument qui confond aſſez la critique de Mr. de Bury. Ces mots, *c'eſt demain que je fais le ſaut périlleux; ces gens-ci me feront haïr St. Denis autant que vous haïſſez Monceaux &c.* ſont plus forts que ceux-ci, *Paris vaut bien*

une

une Meſſe; & ſon apologie auprès de la Reine Eliſabeth achève de mettre dans tout ſon jour le véritable motif de ce grand événement.

Il ſe fait apparemment un mérite de copier ici le Jéſuite Daniel, qui dit qu'au tems des conférences de Surène, Henri IV *était déja Catholique dans le cœur*. Mais comment pouvait-il être Catholique dans le cœur en ce tems-là, puiſque pendant le ſiége de Paris, qui précéda de très-peu ces conférences, le Comte de Soiſſons l'étant venu aſſurer qu'il ſerait reçu dans la Ville s'il ſe faiſait Catholique, il lui répondit deux fois, *qu'il ne changerait jamais de religion*. Ce fait eſt atteſté dans pluſieurs mémoires, & ſur-tout dans le *Diſcours des choſes plus notables arrivées au ſiége de Paris, & de la défenſe de cette Ville par Monſeigneur le Duc de Nemours contre le Roi de Navarre*. N'eſt-il pas bien évident, que Henri IV. ne voulut pas changer tant qu'il eſpéra de ſe rendre maitre de la Ville, & qu'il changea enfin lorſque le Duc de Parme eut fait lever le ſiége? Il faut avouer que le Duc de Parme fut ſon véritable convertiſſeur. La vérité doit l'emporter ſur les ſubterfuges du Jéſuite Daniel.

Mr. de Buri ne ſe trompe pas moins en diſant que *le Cardinal Tolet fut celui auquel Henri eut le plus d'obligation de l'abſolution du Pape*. C'eſt ſans doute à ſon épée & à la dextérité du Cardinal d'Oſſat que ce héros en eut toute l'obligation, & non pas à un Jéſuite Eſpagnol qui ſervit fort peu dans cette affaire, & qui n'employa ſon faible crédit que dans la vue
d'ob-

d'obtenir le rappel des Jésuites, chassés alors de France par arrêt du Parlement. Car l'absolution inutile & arrachée au Pape Clément VIII. est du 17 Septembre 1595, & le bannissement des Jésuites est du 29 Décembre 1594.

Remarquez que je dis ici absolution inutile, parce que Henri IV. avait été absous par les Evêques de son Royaume, parce qu'il était absous par Dieu même; parce que la prétention du Pape que Henri ne pouvait être légitime possesseur de son Royaume, que sous le bon plaisir ultramontain, était la prétention la plus absurde & la plus attentatoire à tous les droits d'un Souverain & à tous ceux des Nations.

N'est-on pas un peu révolté quand on voit que Mr. de Bury ne parle pas seulement de la clause qui fut insérée un mois entier dans l'absolution donnée par le Pape Clément VIII: *Nous réhabilitons Henri dans sa Royauté.*

Certes ce ne fut pas le Cardinal Tolet qui fit rayer cette formule criminelle digne tout-au-plus de Grégoire VII. ou de Boniface VIII. & dont la seule lecture nous saisit d'indignation. *Nous réhabilitons Henri dans sa Royauté!* Quoi ? un Evêque de Rome se croit en droit de donner & d'ôter les Royaumes ! & l'Europe entiére n'a pas puni ces attentats ! & un Ecrivain qui donne la vie de Henri IV. les suprime !

Mr. de Bury dit que les Ecrivains Huguenots raportaient par dérision que Henri s'était soumis à recevoir des coups de fouet par procureur. Ce ne sont point les Huguenots qui ont parlé ainsi les premiers, c'est Mezerai lui-même,

Tom. II. pag. 431.

même, dont voici les paroles : *Les Politiques reprochèrent au Cardinal du Perron, que pour mériter la faveur du Pape il avait soumis son Roi à recevoir des coups de bâton par procureur.*

Du Perron pouvait épargner au Roi cette cérémonie, mais il voulait être cardinal. Les Evêques de France qui avaient reçu l'abjuration du Roi, n'avaient eu garde de proposer cette espéce de pénitence, qui aurait été regardée dans un tems plus heureux comme un crime de Lèze-Majesté ; à plus forte raison un Evêque de Rome n'avait pas le droit de faire cette insulte à un Roi de France.

Une chose plus importante est le parricide commis par Jean Châtel, pour lequel les Jésuites avaient été chassés.

Tom. II. pag. 414
„ La maison du pére de Châtel fut rasée, &
„ le prix des démolitions fut employé à la con-
„ struction sur le terrain où elle était située,
„ d'une pyramide à quatre faces, avec plusieurs
„ inscriptions à la louange du Roi, & sur le
„ danger qu'il avait couru. Cette affaire des
„ Jésuites pensa causer au Roi de grands em-
„ barras à Rome.

Premiérement, il n'est pas vrai que la pyramide érigée par arrêt du Parlement, ne contînt que des louanges pour le Roi, & des inscriptions sur son danger, comme l'Auteur l'insinue. On grava sur le côté qui regardait l'Orient ces propres mots ;

Pulso tota Gallia hominum genere novæ ac maleficæ superstitionis, qui Rempublicam turbabant, quorum instinctu piacularis adolescens facinus instituerat.

On

On a chaſſé de toute la France ce genre d'hommes d'une ſuperſtition nouvelle & pernicieuſe; perturbateurs du Royaume, pour avoir induit un jeune homme à commettre un parricide par pénitence.

Ce mot *pénitence* répond préciſément à *piacularis*, & devient par-là un des plus ſinguliers monuments qui puiſſent ſervir à l'hiſtoire de l'eſprit humain.

On ne ſort point d'étonnement de voir que l'Auteur appelle le parricide commis contre Henri IV, *cette affaire des Jéſuites*. C'eſt aſſurément une ſinguliére affaire.

Je paſſe enfin au grand & terrible événement qui priva la France du meilleur de ſes Rois, & qui changea la face de l'Europe. Je ne vois pas ſur quoi Mr. de Bury raporte que dès que Conchini, depuis Maréchal d'Ancre, ſut la mort de Henri IV, il ſe préſenta à la porte du cabinet de la Reine, l'entrouvrit, avança la tête, & dit, *è amazzato*, la ferma & ſe retira.

On ſent la valeur de ces paroles, & les affreuſes conſéquences d'un pareil diſcours. Entr'ouvrir la porte, dire ſimplement *il eſt tué*, & le dire à la Reine, à la femme du mort : prononcer, dis-je, *il eſt tué*, ſans prononcer le nom du Roi, comme ſi le pronom *il* avait été un terme convenu entr'eux, refermer la porte ſur le champ, comme pour aller pourvoir aux ſuites de l'aſſaſſinat! Quelles conſéquences, quels crimes n'en réſultent-ils pas!

Quand on allégue une accuſation ſi terrible, il faut dire d'où on la tient, examiner ſi
l'Au-

l'Auteur eſt croyable, peſer exactement toutes les circonſtances, ſans quoi l'on ſe rend coupable d'une prodigieuſe témérité. Cette anecdote ne ſe trouve ni dans de Thou, ni dans Mezerai, ni dans aucun des Mémoires du tems un peu connu. Si elle était vraie, elle prouverait trop ſans doute.

On ſe ſouviendra long-tems dans une Province de France du ſupplice d'un homme en place, qui fut convaincu d'un aſſaſſinat ſur une parole à-peu-près ſemblable qu'il avait dite devant témoins. Il venait de tuer le mari d'une femme dont il était amoureux. Cette femme était alors au Spectacle ; il va dans ſa loge immédiatement après avoir fait le coup, & lui dit en l'abordant, *il dort*. Ce ſeul mot conduiſit les Juges à la conviction du crime.

Quoi ! l'Auteur oſe accuſer Mr. de Thou de témérité, de malignité ! Et lui-même, ſans aucune raiſon, ſans aucune autorité, intente une accuſation qui fait frémir !

Je dois dire un mot de la prétendue paix univerſelle à laquelle Henri IV, dit-on, voulait parvenir par la guerre, dont l'événement eſt toujours incertain.

S'il y avait eu la moindre apparence au prétendu projet de Henri IV de partager l'Europe en quinze Dominations, & d'établir un tribunal perpétuel, on en trouverait quelques traces dans les mémoires de Villeroi, dans ceux de tant d'autres hommes d'Etat, dans les archives d'Angleterre, de Veniſe, dans ceux des Princes Proteſtants ſi attachés à Henri IV, &

fi intéreffés à cette balance générale. Il ne fe trouve aucun monument de ce deffein. Ce filence univerfel doit produire un doute raifonnable.

Il n'eft pas naturel que Mr. de Villeroi, qui eut la confiance de Henri IV, ignorât un projet fi extraordinaire qui regardait uniquement fon département. Les Secrétaires qui compilérent les Œconomies politiques attribuées au Duc de Sulli, lorfqu'il étoit âgé de quatre-vingt ans, font les feuls qui parlent de cette étrange idée.

Je vais examiner une chofe non moins étrange : c'eft la comparaifon de Henri IV avec Philippe Roi de Macédoine.

Si le judicieux de Thou avait voulu comparer Henri avec quelqu'autre Monarque, il aurait choifi un Roi de France. On aurait pu trouver un peu de reffemblance entre lui & Charles VII. Tous deux eurent une guerre civile à foutenir, tous deux virent l'étranger dans la Capitale. Les Anglais y bravèrent quelque tems Charles VII, & les Efpagnols Henri IV : ils regagnèrent l'un & l'autre leur Royaume pied à pied, par les armes & par les négociations. Tous deux au milieu de la guerre eurent des Maîtreffes.

Le parallèle eft affez frappant, & il eft tout à l'honneur de Henri IV, qui par fon courage, fon application & fa fageffe dans le gouvernement, l'emporte fur Charles au jugement de tout le monde.

Pourquoi donc choifir le pére d'Alexandre

pour

pour le comparer au pére de Louis XIII ? Ce qui fonde cette comparaiſon chez Mr. de Bury, c'eſt que Philippe s'empara de la Couronne de Macédoine au préjudice d'Amintas ſon neveu, dont il était tuteur, & que Henri était héritier légitime.

Qu'Epaminondas préſida à l'éducation de Philippe, & que Florent Chrétien fut Précepteur de Henri IV.

Que Philippe conſtruiſit des flottes, & que Henri n'en eut jamais.

Que Philippe trouva des mines d'or dans la Thrace, & que Henri IV. n'en trouva pas chez lui.

Que Philippe fut tellement couvert de bleſſures, qu'il en devint borgne & boiteux, & que Henri IV. conſerva heureuſement ſes yeux & ſes jambes.

Que Démoſthène excita les Athéniens contre le Roi de Macédoine, & que des Curés prêchérent dans Paris contre le Roi de France.

Il eſt vrai que ce parallèle eſt relevé par les louanges de Salomon, du Roi d'Angleterre d'aujourd'hui, du Roi de Dannemarck & de l'Impératrice Reine de Hongrie, ce qui fera ſans doute débiter ſon livre dans toute l'Europe. Une telle ſageſſe manqua au Préſident de Thou.

Finiſſons par les prétendus bons mots, dont la tradition populaire défigure le caractère de Henri IV.

Qu'un payſan qui avait les cheveux blancs & la barbe noire, ait répondu au Roi, *que ſes*

ses cheveux étaient de vingt ans plus vieux que sa barbe, c'est un bon mot de payfan & non pas du Roi. Ce conte est imprimé dans des facéties Italiennes, plus de dix ans avant la naiſſance de Henri IV., & la plûpart de ces facéties ont fait le tour de l'Europe.

Qu'un autre payfan ait apporté au Roi du fromage de lait de bœuf, c'est une infipidité bien indigne de l'hiſtoire, & ce n'eſt pas Henri IV. qui l'a dite.

Mais qu'il eût fait battre de verges fept ou huit Praticiens affemblés dans un cabaret pour leurs affaires, & que Henri ait exercé fur eux cette indigne vengeance, parce que ces bourgeois n'avaient pas voulu partager leur diner avec un homme qu'ils ne connoiſſaient pas ; c'eût été une action tyrannique, infâme, non feulement indigne d'un grand Roi, mais d'un homme bien élevé. C'eſt L'Etoile qui rapporte cette fotife fur un ouï-dire. L'Etoile ramaſſait mille contes frivoles, débités parmi la populace de Paris. Mais fi une pareille action avait la moindre lueur de vraiſemblance, elle déshonorerait la mémoire de Henri IV. à jamais ; & cette mémoire fi chère deviendrait odieufe. Le bon fens & le bon gout confiſtent à choifir dans les anecdotes de la vie des grands hommes ce qui eſt vraiſemblable, & ce qui eſt digne de la poſtérité.

Le grave & judicieux de Thou ne s'eſt jamais écarté de ce devoir d'un Hiſtorien.

Si Mr. de Bury a cru rendre fon ouvrage recommandable en décriant un homme tel que de Thou, il s'eſt bien trompé. Il n'a pas ſû qu'il y avait encore dans Paris des hommes alliés à cette illuſtre famille, qui prendraient la défenſe du meilleur de nos Hiſtoriens, & qui ne ſouffriraient pas qu'on attaquât en mauvais français, une hiſtoire chère à la Nation, & écrite dans le Latin le plus pur.

POËSIES.

A Mr. L......

COnnaiſſez mieux l'oiſiveté,
Elle eſt ou folie, ou ſageſſe ;
Elle eſt vertu dans la richeſſe,
Et vice dans la pauvreté.
On peut jouïr en paix, dans l'hyver de la vie,
De ces fruits qu'au printems ſema notre induſtrie :
Courtiſans de la gloire, écrivains, ou guerriers,
Le ſommeil eſt permis ; mais c'eſt ſur des lauriers.

IMPROMPTU
fait à un ſouper dans une Cour d'Allemagne.

IL faut penſer, ſans quoi l'homme devient
Un animal, un vrai cheval de ſomme :
Il faut aimer, c'eſt ce qui nous ſoutient ;
Sans rien aimer il eſt triſte d'être homme :
Il faut avoir douce ſociété
De gens ſavans, inſtruits ſans ſuffiſance,
Et de plaiſirs grande variété,

Sans quoi les jours font plus longs qu'on ne penfe.
Il faut avoir un ami, qu'en tout tems
Pour fon bonheur, on écoute, on confulte,
Qui puiffe rendre à notre ame en tumulte
Les maux moins vifs, & les plaifirs plus grands.
Il faut le foir un fouper délectable,
Où l'on foit libre, où l'on goûte à propos
Force bons vins, avec quelques bons mots;
Et fans être yvre il faut fortir de table.
Il faut la nuit tenir entre deux draps
Le tendre objet que votre cœur adore,
Le careffer, s'endormir dans fes bras,
Et le matin recommencer encore.
Mes chers amis, avouez que voila
De quoi paffer une affez douce vie :
Or dès l'inftant que j'aimai ma Silvie,
Sans trop chercher je trouvai tout cela.

Sur un Reliquaire.

AMi, la fuperftition
Fit ce préfent à la fottife,
Ne le di pas à la raifon,
Ménageons l'honneur de l'Eglife.

Au Chevalier D.

CE beau lac de Genève où vous êtes venu,
Du Cocyte bientôt m'offre les rives sombres.
Vous êtes un Orphée en ces lieux descendu
    Pour venir enchanter les ombres.

A un Bavard.

IL faudrait penser pour écrire :
    Il vaut encor mieux effacer.
Les auteurs quelquefois ont écrit sans penser,
Comme on parle souvent sans avoir rien à dire.

A l'occasion de l'expulsion des Jésuites.

LEs renards & les loups furent longtems en guerre,
Nos moutons respiraient, nos bergers diligens
Ont chassé par arrêt les renards de nos champs ;
    Les loups vont désoler la terre :
    Nos bergers semblent entre nous
    Un peu d'accord avec les loups.

QUATRAIN

pour être mis au bas du portrait de Confucius.

DE la simple vertu salutaire interprète,
Qui n'adora qu'un Dieu, qui fit aimer sa loi,
Toi, qui parlas en sage, & jamais en prophète,
S'il est un sage encor, il pense comme toi.

A Madame la Duchesse de . . . . .

ETre femme sans jalousie,
Et belle sans coquetterie,
Bien juger sans beaucoup savoir,
Et bien parler sans le vouloir,
N'être haute, ni familière,
N'avoir point d'inégalité ;
C'est le portrait de la V...
Il n'est ni fini, ni flatté.

Réponse

Réponse à une piéce intitulée LE CŒUR, *de Mr. le Chevalier de B......*

CErtaine Dame honnête, & savante, & profonde,
  Ayant lû le traité du cœur,
Disait en se pâmant, que j'aime cet auteur !
Ah ! je vois bien qu'il a le plus grand cœur du monde.

De mon heureux printems j'ai vû passer la fleur,
  Le cœur pourtant me parle encore.
Du nom de petit cœur quand mon amant m'honore,
  Je sens qu'il me fait trop d'honneur.

Hélas ! faibles humains, quels destins sont les nôtres !
  Qu'on a mal placé la grandeur !
  Qu'on serait heureux si les cœurs
  Etaient faits les uns pour les autres !

Illustre Chevalier, vous chantez vos combats,
  Vos victoires, & votre empire ;
Et dans vos vers heureux comme vous pleins d'appas,
  C'est votre cœur qui vous inspire.

Quand Lizette vous dit, Rodrigue, as-tu du cœur ?
Sur l'heure elle l'éprouve, & dit avec franchise,
  Il eut encor plus de valeur
  Quand il était homme d'église.

Réponse à des vers de Mr. Ch.

Aimable amant de Polymnie,
Jouïssez de cet âge heureux
Des voluptés & du génie;
Abandonnez-vous à leurs feux:
Ceux de mon ame appesantie
Ne sont qu'une cendre amortie,
Et je renonce à tous vos jeux.
La fleur de la saison passée
Par d'autres fleurs est remplacée.
Une Sultane avec dépit
Dans le vieux serrail délaissée,
Voit la jeune entrer dans le lit
Dont le Grand Seigneur l'a chassée.
Quand Elie était décrépit,
Il s'enfuit laissant son esprit
A son jeune élève Elisée.
Ma muse est de moi trop lassée;
Elle me quitte, & vous chérit,
Elle sera mieux caressée.

Au Chevalier D. B.

Si vous brillez dans votre aurore
Quand je m'éteins à mon couchant,
Si dans votre fertile champ
Tant de fleurs s'empressent d'éclore,

Lors-

Lorsque mon terrein languissant
Est dégarni des dons de Flore :
Si votre voix jeune & sonore
Prélude d'un ton si touchant,
Quand je frédonne à peine encore
Les restes d'un lugubre chant :
Si des graces qu'en vain j'implore
Vous devenez l'heureux amant,
Et si ma vieillesse déplore
La perte de cet art charmant
Dont le Dieu des vers vous honore ;
Tout cela peut m'humilier ;
Mais je n'y vois point de remède,
Il faut bien que l'on me succède,
Et j'aime en vous mon héritier.

Lettre à M. M.... 5. Mars 1765.

Moins le hibou de Ferney, Monsieur, mérite vos jolis vers, plus il vous en doit de remerciemens ; il s'intéresse vivement à vous, il connait tout ce que vous valez.

Les erreurs & les passions
De vos beaux ans sont l'appanage :
Sous cet amas d'illusions
Vous renfermez l'ame d'un sage.

Je vous retiens pour un des soutiens de la philosophie, je vous en avertis, vous serez détrompé de tout, vous serez un des nôtres.

Plein d'esprit, doux & sociable,
Ce n'est pas assez, croyez-moi ;
C'est pour autrui qu'on est aimable,
Mais il faut être heureux pour soi.

Nous avons une cellule nouvelle, & nous en bâtissons une autre. Vous savez combien vous êtes aimé dans notre couvent.

Portrait de Mad. ....

L'Esprit, l'imagination,
Les graces, la philosophie,
L'amour du vrai, le goût du bon,
Avec un peu de fantaisie ;
Assez solide en amitié,
Dans tout le reste un peu légère :
Voilà, je crois, sans vous déplaire,
Votre portrait fait à moitié.

Vers à la même.

Des contraires bel assemblage,
Vous, qui sous l'air d'un papillon
Cachez les sentimens d'un sage,
Revolez de mon hermitage
A votre brillant tourbillon ;
Allez chercher l'illusion
Compagne heureuse du bel âge.

Que votre imagination
Toujours forte, toujours légère,
Entre Bouflers & Voisenon,
Répande cent traits de lumière ;
Que Diane, que les Amours
Partagent vos nuits & vos jours;
S'il vous reste en ce train de vie,
Dans un tems si bien employé,
Quelques momens pour l'amitié,
Ne m'oubliez pas, je vous prie ;
J'aurais encor la fantaisie
D'être au nombre de vos amans ;
Je cède ces honneurs charmans
Aux Doyens de l'Académie.
Mais quand j'aurai quatre-vingt ans,
Je prétends de ces jeunes gens
Surpasser la galanterie,
S'ils me surpassent en beaux talens.

Ces petits vers froids & coulans
Sentent un peu la décadence :
On m'assure qu'en plus d'un sens
Il est de tout de même en France.

Réponse

Réponse à Mr. de St. L...

Mon esprit avec embarras
Pourſuit des vérités arides;
J'ai quitté les brillans appas
Des Muſes, mes Dieux, & mes guides,
Pour l'aſtrolabe & le compas
Des Maupertuis & des Euclides.
Du vrai le pénible fatras
Détend les cordes de ma lire;
Vénus ne veut plus me ſourire,
Les graces détournent leurs pas;
Ma muſe, les yeux pleins de larmes,
St. Lambert, vole auprès de vous;
Elle vous prodigue ſes charmes,
Je lis vos vers; j'en ſuis jaloux.
Je voudrais en vain vous répondre;
Son refus vient de me confondre;
Vous avez fixé ſes amours :
. . . .
Pour former un lien durable,
Vous avez ſans doute un ſecret;
Je l'enviſage avec regret,
Et ce regret, c'eſt d'être aimable.

Epitre

Epître à M. de St. L...

Tandis qu'au deffus de la terre,
Des aquilons & du tonnerre,
L'interprète du grand Newton
Dans les routes de la lumière,
Conduit le char de Phaëton,
Sans verfer dans cette carrière;
Nous attendons paifiblement,
Près de l'onde Caftalienne,
Que notre héroïne revienne
De fon voyage au firmament;
Et nous affemblons pour lui plaire,
Dans ces vallons & dans ces bois,
Ces fleurs dont Horace autrefois
Faifait des bouquets pour Glycère;
St. Lambert, ce n'eft que pour toi
Que ces belles fleurs font éclofes;
C'eft ta main qui cueille les rofes,
Et ces épines font pour moi.
Ce vieillard chenu qui s'avance,
Le tems dont je fubis les loix,
Sur ma lyre a glacé mes doigts;
Et des organes de ma voix
Fait frémir la fourde cadence.
Les graces dans ce beau vallon,
Les Dieux de l'amoureux empire,
Ceux de la flute & de la lyre,

T'inspirent les aimables sons ;
Avec toi dansent aux chansons,
Et ne daignent plus me sourire.
Dans l'heureux printems de tes jours,
Des Dieux du Pinde & des Amours
Saisi la faveur passagère,
C'est le tems de l'illusion,
Je n'ai plus que de la raison :
Encore, hélas ! n'en ai-je guère.
Mais je vois venir sur le soir
Du plus haut de son aphélie,
Notre astronomique Emilie
Avec un vieux tablier noir,
Et sa main d'encre encor sâlie ;
Elle a laissé là son compas,
Et ses calculs & sa lunette ;
Elle reprend tous ses appas ;
Porte-lui vite à sa toilette
Ces fleurs qui naissent sur tes pas,
Et chante-lui sur ta musette
Ces beaux airs que l'amour répète,
Et que Newton ne connut pas.

A Mr. de F....

Vous philosophe ! ah ! quel projet !
N'est-ce pas assez d'être aimable ?
Aurez-vous bien l'air en effet
D'un vieux raisonneur vénérable ?

D'inutiles réflexions
Composent la philosophie ;
Eh ! que deviendra votre vie,
Si vous n'avez des passions ?

C'est un pénible & vain ouvrage
Que de vouloir les modérer ;
Les sentir & les inspirer
Est à jamais votre partage.

L'esprit, l'imagination,
Les graces, la plaisanterie,
L'amour du vrai, le goût du bon,
Voilà votre philosophie.

A Mad. de....

Oui, Philis, la coquetterie
Est faite pour vos agrémens ;
Croyez-moi, la galanterie,
Malgré tous les grands sentimens,
Est sœur de la friponnerie.
Vénus versa sur vous tous ses dons précieux,
Ce serait être injuste, & les mal reconnaître,
Que de vous obstiner à faire un seul heureux,
Lorsqu'avec vous le monde entier veut l'être.

Lettre au Roi de Dannemarck.

SIRE,

LA lettre dont V. M. m'a honoré, m'a fait répandre des larmes de tendresse & de joie. V. M. donne de bonne heure des grands exemples. Ses bienfaits pénètrent dans des pays presque ignorés du reste du monde : elle se fait des sujets de tous ceux qui entendent parler de sa générosité bienfaisante. C'est dans le Nord qu'il faudra voyager pour apprendre à penser & à sentir : si ma caducité & mes maladies me permettaient de suivre les mouvemens de mon cœur, je viendrais me jetter aux pieds de V. M. Du tems que j'avais de l'imagination, SIRE, je n'aurais fait que trop de vers, pour répondre à votre charmante prose. Pardonnez aux efforts mourans d'un homme qui ne peut plus exprimer l'étendue des sentimens que vos bontés font naître en lui. Je souhaite à V. M. autant de bonheur, qu'elle aura de véritable gloire.

J'ai l'honneur d'être, &c.

Pourquoi, généreux Prince, ame tendre & sublime,
Pourquoi vas-tu chercher dans nos lointains climats
Des cœurs infortunés, que l'injustice opprime ?
C'est qu'on n'en peut trouver au sein de tes Etats.
Tes vertus ont franchi par ce bienfait auguste
Les bornes des pays gouvernés par tes mains :

POÉSIES.

Et par-tout où le Ciel a placé des humains,
Tu veux qu'on soit heureux, tu veux que l'on soit juste.
Hélas ! assez de Rois que l'histoire a fait grands,
Chez leurs tristes voisins ont porté les allarmes.
Tes bienfaits vont plus loin que n'ont été leurs armes.
Ceux qui font des heureux sont les vrais conquérans.

A Madame de B....

Vos yeux sont beaux, mais votre ame est plus belle;
　　Vous êtes simple & naturelle,
Et sans prétendre à rien, vous triomphez de tous.
Si vous eussiez vécu du tems de Gabrielle,
　　Je ne sais pas ce qu'on eût dit de vous,
　　Mais l'on n'aurait point parlé d'elle.

A Mr. de la P.... en lui envoyant un exemplaire de SEMIRAMIS.

Mortel de l'espèce très rare
　　Des solides & beaux esprits,
Je vous offre un tribut qui n'est pas d'un grand prix :
Vous pourriez donner mieux ; mais vos charmans écrits
Sont le seul de vos biens dont vous soyez avare.

Sur le Louvre. 1749.

MOnument imparfait de ce siécle vanté,
Qui sur tous les beaux arts a fondé sa mémoire,
Vous verrai-je toujours en attestant sa gloire,
Faire un juste reproche à sa postérité ?

Faut-il que l'on s'indigne alors qu'on vous admire,
Et que les nations qui veulent nous braver,
Fières de nos défauts, soient en droit de nous dire,
Que nous commençons tout pour ne rien achever ?

Sous quels débris honteux, sous quel amas rustique,
On laisse ensevelis ces chefs-d'œuvre divins !
Quel barbare a mêlé la bassesse gothique
A toute la grandeur des Grecs & des Romains ?

Louvre, palais pompeux, dont la France s'honore,
Sois digne de ce Roi, ton maître & notre appui;
Embelli ces climats que sa vertu décore,
Et dans tout ton éclat, montre-toi comme lui.

A Madame la Comtesse D. L. N. en lui envoyant l'Epître sur la CALOMNIE.

PArcourez donc de vos yeux pleins d'attraits
  Ces vers contre la calomnie.
Ce monstre dangereux ne vous blessa jamais;
Vous êtes cependant sa plus grande ennemie.

Votre

Votre esprit sage & mesuré,
Non moins indulgent qu'éclairé,
Excuse, quand il peut médire;
Et des vices de l'univers,
Votre vertu mieux que mes vers,
Fait à tout moment la satyre.

Epître à M. Des Mahis. 1750.

Vos jeunes mains cueillent des fleurs,
Dont je n'ai plus que les épines;
Vous dormez dessous les courtines
Et des Graces & des neuf sœurs.
Je leur fais encor quelques mines,
Mais vous possédez leurs faveurs.
   Tout s'éteint, tout s'use, tout passe,
Je m'affaiblis, & vous croissez;
Mais je descendrai du Parnasse
Content, si vous m'y remplacez.
Je jouïs peu, mais j'aime encore,
Je verrai du moins vos amours.
Le crépuscule de mes jours
S'embellira de votre aurore.
Je dirai, je fus comme vous;
C'est beaucoup me vanter peut-être;
Mais je ne serai point jaloux,
Le plaisir permet-il de l'être?

Réponse à Mr. D. B... 1750.

CE n'est pas Bellegarde, Monsieur, c'est, n'en doutez pas, la compagnie des philosophes, très bonne dans un pareil séjour, qui a réveillé votre veine. Les systèmes philosophiques sont de vrais poëmes. Tous ceux qui veulent rendre les causes ou naturelles ou morales des événemens du monde, que ce soit le renversement d'une montagne, ou celui d'un Empire, il n'importe, tous ces gens là sont des poëtes, tous ont besoin de dire, *Musa, mihi causas memora*. On peut regarder la colère d'Achille, de Junon & de Sathan comme les hypothèses d'Homère, de Virgile & de Milton; & les tourbillons, l'attraction & les monades, comme les machines de Descartes, de Newton & de Leibnitz; le merveilleux & le sublime se trouvent également dans les ouvrages des uns & des autres.

C'est dommage que vous n'ayez pas vû la suite du nouveau système qu'il vous a plu de crayonner, vous qui avez dit, Monsieur, de si jolies choses sur un principe abstrait & purement hypothétique, avec quelle grace & quelle poësie n'auriez-vous pas chanté le feu & la lumière ! Rien n'est plus merveilleux que l'action du feu, principe physique de tous les phénomènes de la nature.

POÉSIES.

Oui, mon cher B... il est l'ame du monde,
Sa chaleur le pénètre, & sa clarté l'inonde ;
  Effets d'une même action,
L'un maintient les ressorts de la machine ronde,
Et l'autre tend sans cesse à leur destruction.
   Sa plus belle production
   Est cette lumière éthérée,
Dont Newton le premier, d'une main inspirée,
Sépara les couleurs par la refraction ;
Il y voit aujourd'hui du haut de l'Empirée,
   La cause de l'attraction.
Les rayons convergens de ce brillant fluïde,
Vers mille & mille points de ce vaste univers
Balancent tous les corps sur leurs centres divers.
D'un unique soleil l'impulsion rapide
Les disperserait tous dans un immense vuide.
Dieu compassa d'abord leurs grandeurs & leurs rangs ;
Il élance le feu du centre à la surface,
Allume les soleils : de lumineux torrens
  Aussi-tôt remplissent l'espace,
  Entraînent les globes errans ;
Tout se meut ; & selon les degrés différens
  De la distance & de la masse,
Tout s'approche, ou s'éloigne, ou conserve sa place,
  Par l'effort des feux conspirans.

 Celui que je viens de faire, Monsieur, m'a mis hors d'haleine. L'enthousiasme que vous m'avez communiqué m'abandonne ; je prends la prose pour vous assurer que je suis, &c.

X 3

A Mr. S. D. M.

ELève du jeune Apollon,
Et non pas de ce vieux Voltaire ;
Elève heureux de la raison,
Et d'un Dieu plus charmant, qui t'inſtruiſit à plaire ;
J'ai lû tes vers brillans, & ceux de ta bergère,
Ouvrages de l'eſprit, embellis par l'amour,
J'ai cru voir la belle Glycère
Qui chantait Horace à ſon tour.
Que ſon eſprit me plaît ! que ſa beauté me touche !
Elle a tout mon ſuffrage, elle a tous tes deſirs :
Elle a chanté pour toi ; je vois que ſur ta bouche
Tu dois trouver tous les plaiſirs.

A Mr. D. M.

Délices du 24 Juillet 1756.

VOus ne comptez pas trente hyvers ;
Les graces ſont votre partage ;
Elles ont dicté vos beaux vers ;
Mais je ne ſais par quel travers
Vous vous propoſez d'être ſage.
C'eſt un mal qui prend à mon âge,
Quand le reſſort des paſſions,
Quand de l'Amour la main divine,
Quand les belles tentations

Ne soutiennent plus la machine,
Trop tôt vous vous desespérez ;
Croyez-moi, la raison sévère
Qui trompe vos sens égarés,
N'est qu'une attaque passagère.
Vous êtes jeune & fait pour plaire,
Soyez sûr que vous guérirez :
Je vous en dirais davantage
Contre ce mal de la raison
Que je hais d'un si bon courage ;
Mais je médite un gros ouvrage
Pour le vainqueur de Port-Mahon.
Je veux peindre à ma nation
Ce jour d'éternelle mémoire.
Je dirai, moi, qui sais l'histoire,
Qu'un géant nommé Gérion
Fut pris autrefois par Alcide
Dans la même isle, au même lieu,
Où notre brillant Richelieu
A vaincu l'Anglais intrépide.
Je dirai qu'ainsi que Paphos
Minorque à Vénus fut soumise :
Vous voyez bien que mon héros
Avait double droit à sa prise.
Je suis prophête quelquefois.
J'ai prédit ses heureux exploits,
Malgré l'envie & la critique ;
Et l'on prétend que je lui dois
Encore une ode Pindarique ;
Mais les odes ont peu d'appas

Pour les guerriers, & pour moi-même ;
Et je conviens qu'il ne faut pas
Ennuyer les héros qu'on aime.

Lettre de M. F.

TOut le monde est instruit à Paris, à Londres, en Italie, en Allemagne, de ma querelle avec l'illustre Mr. B...; on ne s'entretient dans toute l'Europe que de cette dispute. Je croirais manquer au public, à la vérité, à ma profession, & à moi-même (comme on dit) si je restais muët *vis-à-vis* Mr. B... J'ai pris des engagemens vis-à-vis le public, il faut les remplir. L'univers a lû mes pensées raisonnables, que je donnai en 1759. au mois de Juin. Je ne sais si je dois les préférer à la lettre que je lâchai sous le nom de Mr. Gervaise Holmes en 1750. Tout Paris vis-à-vis les pensées raisonnables est pour la lettre de Mr. Gervaise Holmes, & tout Londres est pour les pensées. Je peux dire *vis-à-vis* de Londres, & de Paris, qu'il y a quelque chose de plus profond dans les pensées, & je ne sais quoi de plus brillant dans la lettre.

Le Journal de Trevoux du mois de Juin 1751. & l'avant-coureur du 5. Juillet sont de mon avis. Il est vrai que le Journal Chrêtien se déclare absolument contre les pensées raisonnables. Je vais reprendre cette matière, puisque je l'ai discutée au long dans le Mercure de Février 1753. pag.

pag. 55. & suivantes, comme *tout le monde le sait*.

Quelques personnes de considération, pour qui j'aurai toute ma vie une déférence entière, m'ont conseillé de ne point répondre à Mr. B... directement, attendu qu'il est mort il y a deux ans ; mais avec tout le respect que je dois à ces Messieurs, je leur dirai que je ne puis être de leur avis, par des raisons tirées du fond des choses, que j'ai expliquées ailleurs. Et pour le prouver je rappellerai en peu de mots ce que j'ai dit dans le 295ᵉ. tome de ma Bibliothéque impartiale, pag. 75., rapporté très infidélement dans le Journal Littéraire, année 1759. Il s'agit, comme on sait, des compossibles, & des idées contraires, qui ne répugnent point l'une à l'autre. J'avouë que le R. P. Hayet a traité cette matière dans son dix-septiéme tome, avec sa sagacité ordinaire ; mais tous ceux qui ont lû les 101. 102. & 103ᵉ. tomes de ma Bibliothéque Germanique, ont de quoi confondre le P. Hayet : ils verront aisément la différence entre les compossibles, les possibles simples, les non-possibles & les impossibles ; il serait aisé de s'y méprendre, si on n'avait pas étudié à fond cette matière dans les articles 7. 9. & 11. de ma dissertation de 1760. qui a eu un si prodigieux succès.

Feu Mr. de Cahusac me manda quelque tems avant qu'il fût attaqué dans la pie-mère, qu'il avait entendu dire à Mr. l'Abbé Trublet, que lui Abbé tenait de Mr. de la Motte, que non-seulement Madame de Lambert avait un mardi,

mais

mais qu'elle avait aussi un mercredi, & que c'était dans une des assemblées du mercredi qu'on avait agité la question si Mr. Needham fait des anguilles avec de la farine, comme l'assure positivement Mr. de Maupertuis. Ce fait est lié nécessairement au système des compossibles.

Je ne répondrai pas ici aux injures grossières qu'on a vomies publiquement contre moi à Paris, dans la dernière assemblée du Clergé. Le Député de la province de Champagne dit à l'oreille du Député de la province de Languedoc, que l'ennui & mes ouvrages étaient au rang des compossibles. Cette horreur a été répétée dans vingt-sept journaux. J'ai déja répondu à cette calomnie abominable dans ma Bibliothéque Germanique d'une manière victorieuse.

Je distingue trois sortes d'ennuis. 1°. L'ennui qui est fondé dans le caractère du lecteur, qu'on ne peut ni amuser, ni persuader. 2°. L'ennui qui vient du caractère de l'auteur, & cela se subdivise en quarante-huit sortes. 3°. L'ennui provenant de l'ouvrage ; cet ennui vient de la matière ou de la forme ; c'est pourquoi je reviens à Mr. B..., mon adversaire, que j'estimai toujours pour la conformité qu'il avait avec moi. Il fit en 1730. son ame des bêtes. Un mauvais plaisant dit à ce sujet, que Mr. B... était un excellent citoyen ; mais qu'il n'était pas assez instruit de l'histoire de son pays ; cette plaisanterie est déplacée, comme il est prouvé dans le Journal Helvétique, Octobre 1739. Ensuite il donna ses admirables pensées, sur les pensées qu'un homme avait données à propos des pensées d'un autre. On

On fait quel bruit cet ouvrage fit dans le monde. Ce fut à cette occasion que je conçus le premier dessein de mes *pensées raisonnables*. J'apprends qu'un savant de Wittemberg a écrit contre mon titre, & qu'il y trouve une double erreur. J'en ai écrit à Mr. Pitt en Angleterre, & à Mylord Holdernesse ; je suis étonné qu'ils ne m'aient point fait de réponse. Je persiste dans le dessein de faire l'Encyclopédie tout seul ; si Mr. Cahusac n'était pas mort, nous aurions été deux.

J'oubliais un article assez important, c'est la fameuse réponse de Mr. Pfaf, Recteur de l'université de Wittemberg, au R. P. Croust, Recteur des R. P. Jesuites de Colmar. On en fait coup sur coup trois éditions, & tous les savans ont été partagés. J'ai pleinement éclairci cette matière, & j'ai même quatre volumes sous presse, dans lesquels j'examine ce qui m'avait échappé. Ils couteront trois livres le tome, c'est marché donné.

Il y a longtems que je n'ai eu de nouvelles du célèbre Professeur *Vernet*, connu dans tout l'univers par son zèle pour les manuscrits : son Catéchisme Chrétien, ainsi que mon Philosophe Chrétien, & le journal Chrétien, sont les trois meilleurs ouvrages dont l'Europe puisse se vanter, depuis les bigarrures du Sr. Des-Accords.

Mais jusqu'à présent personne n'a assez approfondi le sens du fameux passage qu'on trouve dans la vie de Pythagore, par le père Gretzer, dans son vingt-unième volume in-folio.

Il s'eſt totalement trompé ſur ce chapitre, comme je le prouve.

Je reçois en ce moment par le chariot de poſte les dix-huit Tomes de la Théologie de mon illuſtre ami Mr. Onekre. J'en rendrai compte dans mon prochain Journal. Il y a des souſcripteurs qui me doivent plus de six mois, je les prie de me lire & de me payer.

A Mademoiſelle CLAIRON.

Nous ſommes trois (*) que même ardeur excite,
Egalement à vous plaire empreſſés :
L'un vous égale & l'autre vous imite,
Et le troiſiéme avec moins de mérite
Eſt plus heureux ; car vous l'embelliſſez.
Je vous dois tout ; je devrais entreprendre
De célébrer vos talens, vos attraits :
Mais quoi ! les vers ne plaiſent déſormais,
Que quand c'eſt vous qui les faites entendre.

(*) Deux Dames qui jouaient la tragédie, & l'Auteur.

Vers à Mr. DE BELLOY.

LEs neuf Muſes ſont ſœurs & les beaux arts ſont frères.
  Quelque peu de malignité
A dérangé par fois cette fraternité :
La famille en ſouffrit, & des mains étrangères

De ces débats ont profité;
C'est dans son union qu'est son grand avantage :
Alors elle en impose aux pédants, aux bigots,
Elle devient l'effroi des sots,
La lumière du siécle & le soutien du sage ;
Elle ne flatte point les riches & les grands ;
Ceux qui dédaignaient son encens,
Se font honneur de son suffrage,
Et les Rois sont des courtisans.

A l'Auteur de RICHARDET.

VOus ne parlez que d'un moineau,
Et vous avez une volière ;
Il est chez vous plus d'un oiseau
Dont la voix tendre & printanière
Plaît par un ramage nouveau ;
Celui qui n'a plume qu'aux ailes,
Et qui fait son nid dans les cœurs,
Répandit sur vous ses faveurs ;
Il vous fait trouver des lecteurs,
Comme il vous a soumis des belles.

A Madame DU CHATELET jouant à Sceaux le rôle d'Issé en 1747.

ETre Phébus aujourd'hui je defire,
Non pour régner fur la profe & les vers,
Car à Du Maine il remit cet Empire ;
Non pour courir autour de l'univers,
Car vivre à Sceaux eft le but où j'afpire ;
Non pour tirer les accords de fa lyre,
De plus doux chants font retentir ces lieux ;
Mais feulement pour voir & pour entendre
La belle Iris qui pour lui fut fi tendre,
Et qui le fit le plus heureux des Dieux.

A Monfieur de V... fur fon éloge de CHARLES V.

VOtre héros fi peu terrible en guerre,
Jamais dans les périls ne voulut s'engager ;
    Il ne ravagea point la terre,
    Mais il la fit bien ravager.

Aux Habitans de Lyon. 1754.

IL eft vrai que Plutus eft au rang de vos Dieux,
Et c'eft un riche appui pour votre aimable ville ;

POÉSIES.

Il n'est point de plus bel asile ;
Ailleurs il est aveugle, il a chez vous des yeux.
Il n'était autrefois que Dieu de la richesse :
Vous en faites le Dieu des arts ;
J'ai vû couler dans vos remparts
Les ondes du Pactole, & les eaux du Permesse.

Sur le baiser que la Dauphine donna à ALAIN CHARTIER fameux auteur du tems de CHARLES VI.

Vous connaissez ce poëte fameux
Qui s'endormit au palais de sa Reine :
Il en reçut un baiser amoureux ;
Mais il dormait, & la faveur fut vaine.
Vous me pourriez donner un prix plus doux ;
Et si jamais votre bouche vermeille
Voulait payer ce que j'ai fait pour vous,
N'attendez pas du moins que je sommeille.

A Mlle. GAUSSIN jouant ALZIRE.

Ce n'est point moi qu'on applaudit,
C'est vous qu'on aime & qu'on admire ;
Et vous damnez, charmante Alzire,
Tous ceux que Gusman convertit.

Sur l'élection du Comte PONIATOWSKI au Trône de Pologne.

DAns le fond de mon hermitage,
Loin de l'illusion des Cours,
Réduit, hélas ! à vivre en sage,
Ne l'ayant pas été toujours,
Et ne l'étant qu'en mon vieux âge,
La retraite est mon seul recours ;
Je ne ferai plus de voyage.
Que la gloire avec les amours
Couronnent devers Cracovie
Un Prince aimé de la patrie,
Qui lui promet de si beaux jours :
Trop éloigné de sa personne,
Je me borne à former des vœux :
On lui décerne une couronne,
Et je voudrais qu'il en eût deux.

LE MARSEILLOIS ET LE LION.

Par feu Mr. de St. Didier *Secrétaire perpétuel de l'Académie de Marseille.*

Dans les sacrés cayers méconnus des profanes,
Nous avons vû parler les serpens & les ânes.
Un serpent fit l'amour à la femme d'Adam ; *a*)
Un âne avec esprit gourmanda Balaam. *b*)
Le grand parleur Homère, en vérités fertile,
Fit parler & pleurer les deux chevaux d'Achile. *c*)
Les habitans des airs, des forêts & des champs,
Aux humains, chez Esope, enseignent le bon sens.
Descartes n'en eut point quand il les crut machines. *d*)
Il raisonna beaucoup sur les œuvres divines ;
Il en jugea fort mal & noya sa raison
Dans ses trois élémens au coin d'un tourbillon.
Le pauvre homme ignora dans sa physique obscure
Et l'homme, & l'animal, & toute la nature.
Ce romancier hardi dupa longtems les sots.
Laissons là sa folie, & suivons nos propos.
 Un jour un Marseillois, trafiquant en Afrique,

Aborda

Aborda le rivage où fut jadis Utique.
Comme il se promenait dans le fond d'un vallon,
Il trouva nez à nez un énorme lion
A la longue crinière, à la gueule enflammée,
Terrible; & tout semblable au lion de Némée.
Le plus horrible effroi saisit le voyageur.
Il n'était pas Hercule : & tout transi de peur
Il se mit à genoux, & demanda la vie.

 Le monarque des bois, d'une voix radoucie,
Mais qui faisait encor trembler le Provençal,
Lui dit en bon français ; ridicule animal,
Tu veux donc qu'aujourd'hui de souper je me passe !
Ecoute, j'ai dîné : je veux te faire grace
Si tu peux me prouver qu'il est contre les loix
Que le soir un lion soupe d'un Marseillois.

 Le marchand à ces mots conçut quelque espérance,
Il avait eu jadis un grand fond de science ;
Et pour devenir prêtre il apprit du latin ;
e) Il savait Rabelais & son Saint Augustin.

 D'abord il établit, selon l'usage antique,
Quel est le droit divin du pouvoir monarchique,
Qu'au plus haut des degrés des êtres inégaux
L'homme est mis pour régner sur tous les animaux; f)
Que la terre est son trône; & que dans l'étendue
Les astres sont formés pour réjouir sa vue.
Il conclut qu'étant Prince, un sujet Africain
Ne pouvait sans péché manger son souverain.
Le lion qui rit peu se mit pourtant à rire,
Et voulant par plaisir connaître cet empire,
En deux grands coups de griffe il dépouilla tout nu

De l'univers entier le monarque absolu.
  Il vit que ce grand Roi lui cachait sous le linge
Un corps faible, monté sur deux fesses de singe,
A deux minces talons deux gros pieds attachés
Par cinq doigts superflus dans leur marche empêchés;
Deux mammelles sans lait, sans grace, sans usage;
Un crâne étroit & creux couvrant un plat visage,
Tristement dégarni du tissu de cheveux
Dont la main d'un barbier coëffa son front crasseux.
Tel était en effet ce Roi sans diadême,
Privé de sa parure & réduit à lui-même.
Il sentit qu'en effet il devait sa grandeur
Au fil d'un perruquier, aux ciseaux d'un tailleur.
Ah ! dit-il au lion, je vois que la nature
Me fait faire en ce monde une triste figure :
Je pensais être Roi : j'avais certes grand tort.
Vous êtes le vrai maître en étant le plus fort.
Mais songez qu'un héros doit dompter sa colère,
Un Roi n'est point aimé s'il n'est pas débonnaire.
Dieu, comme vous savez, est au dessus des Rois,
Jadis en Arménie il vous donna des loix,
Lorsque dans un grand coffre à la merci des ondes,
Tous les animaux purs, ainsi que les immondes,
Par Noé mon ayeul enfermés si longtems, *g)*
Respirèrent enfin l'air natal de leurs champs,
Dieu fit avec eux tous une étroite alliance,
Un pacte solemnel.... Oh ! la platte impudence !
As-tu perdu l'esprit par excès de frayeur ?
Dieu, dis-tu, fit un pacte avec nous ?... Oui, Seigneur,
Il vous recommanda d'être clément & sage,

De ne toucher jamais à l'homme son image. *h*)
Et si vous me mangez, l'Eternel irrité
Fera payer mon sang à votre Majesté.....
  Toi, l'image de Dieu! toi, magot de Provence!
Conçois-tu bien l'excès de ton impertinence?
Montre l'original de mon pacte avec Dieu.
Par qui fut-il écrit? en quel tems? dans quel lieu? *i*)
Je vais t'en montrer un, plus sûr, plus véritable.
De mes quarante dents voi la file effroyable, *k*)
Ces ongles dont un seul te pourait déchirer,
Ce gosier écumant prêt à te dévorer,
Cette gueule, ces yeux dont jaillissent des flammes;
Je tiens ces heureux dons du Dieu que tu réclames.
Il ne fait rien en vain : te manger est ma loi;
C'est là le seul traité qu'il ait fait avec moi.
Ce Dieu, dont mieux que toi je connais la prudence,
Ne donne pas la faim pour qu'on fasse abstinence.
Toi même as fait passer sous tes chétives dents
D'imbécilles dindons, des moutons innocens,
Qui n'étaient pas formés pour être ta pâture.
Ton débile estomac, honte de la nature,
Ne pourrait seulement, sans l'art d'un cuisinier,
Digérer un poulet qu'il faut encor payer.
Si tu n'as point d'argent tu jeunes en hermite;
Et moi que l'appétit en tout tems sollicite,
Conduit par la nature, attentif à mon bien,
Je puis t'avaler crud sans qu'il m'en coûte rien.
Je te digérerai sans faute en moins d'une heure.
Le pacte universel est qu'on naisse & qu'on meure.
Appren qu'il vaut autant, raisonneur de travers,

Etre

Etre avalé par moi que rongé par les vers......
 Sire, les Marseillois ont une ame immortelle.
Ayez dans vos repas quelque respect pour elle.
 La mienne, apparemment est immortelle aussi.
Va, de ton esprit gauche elle a peu de souci.
Je ne veux point manger ton ame raisonneuse.
Je cherche une pâture & moins fade & moins creuse.
C'est ton corps qu'il me faut ; je le voudrais plus gras;
Mais ton ame, croi-moi, ne me tentera pas......
 Vous avez sur ce corps une entière puissance.
Mais quand on a dîné n'a-t-on point de clémence ?
Pour gagner quelque argent j'ai quitté mon pays ;
Je laisse dans Marseille une femme & deux fils ;
Mes malheureux enfans, réduits à la misère,
Iront à l'hôpital si vous mangez leur père.
 Et moi, n'ai-je donc pas une femme à nourir ?
Mon petit lionceau ne peut encor courir,
Ni saisir de ses dents ton espèce craintive.
Je lui dois la pâture, il faut que chacun vive.
Eh ! pourquoi sortais-tu d'un terrein fortuné,
D'olives, de citrons, de pampres couronné ?
Pourquoi quitter ta femme & ce pays si rare
Où tu fêtais en paix Magdeleine & Lazare ? (*)
Dominé par le gain tu viens dans mon canton
Vendre, acheter, troquer, être dupe & fripon ;
Et tu veux qu'en jeunant ma famille pâtisse
De ta sotte imprudence & de ton avarice ?
Répon-moi donc, maraut..... Sire, je suis battu,
Vos griffes & vos dents m'ont assez confondu.
Ma tremblante raison cède en tout à la vôtre.

Oui,

Oui, la moitié du monde a toûjours mangé l'autre,
Ainsi Dieu le voulut; & c'est pour notre bien.
Mais, Sire, on voit souvent un malheureux chrétien
Pour de l'argent comptant qu'aux hommes on préfère,
Se racheter d'un Turc, & payer un corsaire.
Je comptais à Tunis passer deux mois au plus;
A vous y bien servir mes vœux sont résolus;
Je vous ferai garnir votre charnier auguste
De deux bons moutons gras, valant vingt francs au juste.
Pendant deux mois entiers ils vous seront portés,
Par vos correspondans chaque jour présentés;
Et mon valet, chez vous, restera pour ôtage.....
 Ce pacte, dit le Roi, me plait bien davantage
Que celui dont tantôt tu m'avais étourdi.
Viens signer le traité ; suis-moi chez le Cadi;
Donne des cautions : sois sûr, si tu m'abuses,
Que je n'admettrai point tes mauvaises excuses;
Et que sans raisonner tu seras étranglé,
Selon le droit divin dont tu m'as tant parlé.
 Le marché fut signé ; tous les deux l'observèrent,
D'autant qu'en le gardant tous les deux y gagnèrent.
Ainsi dans tous les tems nos seigneurs les lions
Ont conclu leurs traités aux dépends des moutons.

Monsieur de St. Didier, Secrétaire perpétuel de l'Académie de Marseille, auteur du poëme de Clovis, s'amusa quelque tems avant sa mort à composer cette petite fable, dans laquelle on trouve quelques traits de la philosophie Anglaise. Ces traits sont en effet imités de la fable des abeilles de Mandeville, mais tout le reste appartient à l'auteur Français. Comme il était de Marseille, il n'a pas manqué de prendre un Marseillois pour son héros. Nous avons fait imprimer ce petit ouvrage sur une copie très exacte.

NOTES.

a) *Un serpent.* Il est constant que le serpent parlait. La Genèse dit expressément, *qu'il était le plus rusé de tous les animaux*. La Genèse ne dit point que Dieu lui donnât alors la parole par un acte extraordinaire de sa toute-puissance pour séduire Eve. Elle raporte la conversation du serpent & de la femme comme on raporte un entretien entre deux personnes qui se connaissent & qui parlent la même langue. Cela même est si évident que le Seigneur punit le serpent d'avoir abusé de son esprit & de son éloquence; il le condamne à se traîner sur le ventre, au lieu qu'auparavant il marchait sur ses pieds. Flavien Joseph dans ses antiquités, Philon, St. Bazile, St. Ephrem n'en doutent pas. Le révérend père Don Calmet dont le profond jugement est reconnu de tout le monde, s'exprime ainsi. *Toute l'antiquité a reconnu les ruses du serpent, & on a cru qu'avant la malédiction de Dieu, cet animal était encor plus subtil qu'il ne l'est à présent. L'Ecriture parle de ses finesses en plusieurs endroits; elle dit qu'il bouche ses oreilles pour ne pas entendre la voix de l'enchanteur. Jesus-Christ dans l'Evangile nous conseille d'avoir la prudence du serpent.*

b) *Un âne avec esprit.* Il n'en était pas ainsi de l'âne, ou de l'ânesse qui parla à Balaam. Il est vraisemblable que les ânes n'avaient point le don de la parole; car il est dit expressément que le Seigneur ouvrit la bouche de l'ânesse. Et même St. Pierre dans sa seconde Epitre, dit, *que cet animal muet parla d'une voix humaine.* Mais remarquons que St. Augustin dans sa 48 question dit, que Balaam ne fut point du tout étonné d'entendre parler son ânesse. Il en conclut que Balaam était accoutumé à entendre parler les autres animaux. Le révérend père Don Calmet avoue que la chose est très ordinaire. L'âne de Bacchus, dit-il, le bélier de Phrixus, le cheval d'Hercule, l'agneau de Bochoris, les bœufs de Sicile, les arbres même de Dodone, & l'ormeau d'Apollonius, de Thyane ont parlé distinctement. Voilà de grandes autorités qui servent merveilleusement à justifier Mr. de St. Didier.

c) *Fit parler & pleurer les deux chevaux d'Achile.* La remarque de Madame Dacier sur cet endroit d'Homère, est également importante & judicieuse. Elle appuye beaucoup sur la sage conduite d'Homère; elle fait voir que les chevaux d'Achille, Xanthe & Balie, fils de Podarge, sont d'une race immortelle ; & qu'ayant déja pleuré la mort de Patrocle, il n'est point du tout étonnant qu'ils tiennent un long discours à Achille. Enfin, elle cite l'exemple de l'ânesse de Balaam, auquel il n'y a rien à repliquer.

d) *Descartes n'en eut point quand il les crut machines.* Descartes était certainement un bon géomêtre & un homme de beaucoup d'esprit ; mais toutes les nations savantes avouent qu'il abandonna la géométrie qui devait être son guide, & qu'il abusa de son esprit pour ne faire que des romans. L'idée que les animaux ont tous les organes du sentiment pour ne point sentir, est une contradiction ridicule. Ses tourbillons, ses trois élémens, son système sur la lumière, son explication des ressorts du corps humain, ses idées innées, sont regardés par tous les Philosophes comme des chimères absurdes. On convient que dans toute sa physique il n'y a pas une vérité physique. Ce grand exemple apprend aux hommes qu'on ne trouve ces vérités que dans les mathématiques & dans l'expérience.

e) *Il savait Rabelais & St. Augustin.* Il est raporté dans l'histoire de l'Académie que La Fontaine demanda à un Docteur, s'il croyait que St. Augustin eût autant d'esprit que Rabelais, & que le Docteur répondit à La Fontaine, *prenez garde, Monsieur, vous avez mis un de vos bas à l'envers* ; ce qui était vrai.

Ce Docteur était un sot. Il devait convenir que St. Augustin & Rabelais avaient tous deux beaucoup d'esprit ; & que le Curé de Meudon avait fait un mauvais usage du sien. Rabelais était profondément savant & tournait la science en ridicule ; St. Augustin n'était pas si savant, il ne savait ni le Grec, ni l'Hébreu ; mais il employa ses talens & son éloquence à son respectable Ministère. Rabelais prodigua indignement les ordures les plus basses. St. Augustin s'égara dans des explications mystérieuses que lui-même ne pouvait entendre. On est étonné qu'un orateur tel que lui ait dit dans son sermon sur le Pseaume six.

„ Il est clair & indubitable que le nombre de quatre a
„ raport au corps humain à cause des quatre élémens & des
„ quatre qualités dont il est composé ; savoir le chaud & le
„ froid, le sec & l'humide. C'est pourquoi aussi Dieu a voulu
„ qu'il fût soumis à quatre différentes saisons, savoir l'Eté,
„ le Printems, l'Automne & l'Hyver. — Comme le nombre
„ de quatre a raport au corps, le nombre de trois a ra-
„ port à l'ame, parce que Dieu nous ordonne de l'aimer
„ d'un triple amour, savoir de tout notre cœur, de toute
„ notre ame, & de tout notre esprit.

„ Lors

„ Lors donc que les deux nombres de quatre & de trois,
„ dont le premier a raport au corps, c'eſt-à-dire au vieil
„ homme & au vieil Teſtament; & le ſecond a raport à l'a-
„ me, c'eſt-à-dire au nouvel homme & au nouveau Teſta-
„ ment, ſeront paſſés & écoulés, comme le nombre de ſept
„ jours paſſe & s'écoule, parce qu'il n'y a rien qui ne ſe
„ faſſe dans le tems, & par la diſtribution du nombre quatre
„ au corps, & du nombre de trois à l'ame; lors, dis-je, que
„ ce nombre de ſept ſera paſſé, on verra arriver le huitié-
„ me qui ſera celui du jugement.

Pluſieurs ſavans ont trouvé mauvais qu'en voulant concilier les deux généalogies différentes données à St. Joſeph, l'une par St. Matthieu, & l'autre par St. Luc, il diſe dans ſon Sermon 51, *qu'un fils peut avoir deux pères, puiſqu'un père peut avoir deux enfans.*

On lui a encor reproché d'avoir dit dans ſon livre contre les Manichéens, que les puiſſances céleſtes ſe déguiſaient ainſi que les puiſſances infernales en beaux garçons & en belles filles pour s'accoupler enſemble; & d'avoir imputé aux Manichéens cette theurgie impure, dont ils ne furent jamais coupables.

On a relevé pluſieurs de ſes contradictions. Ce grand Saint était homme, il a ſes faibleſſes, ſes erreurs, ſes défauts comme les autres Saints. Il n'en eſt pas moins vénérable, & Rabelais n'eſt pas moins un bouffon groſſier, un impertinent dans les trois quarts de ſon livre, quoiqu'il ait été l'homme le plus ſavant de ſon tems, éloquent, plaiſant, & doué d'un vrai génie. Il n'y a pas ſans doute de comparaiſon à faire entre un père de l'Egliſe très vénérable & Rabelais; mais on peut très bien demander lequel avait plus d'eſprit. Et un bas à l'envers n'eſt pas une réponſe.

f) *L'homme eſt mis pour régner.* Dans le Spectacle de la nature, Monſieur le Prieur de Jonval, qui d'ailleurs eſt un homme fort eſtimable, prétend que toutes les bêtes ont un profond reſpect pour l'homme. Il eſt pourtant fort vraiſemblable que les premiers ours & les premiers tigres qui rencontrèrent les premiers hommes, leur témoignèrent peu de vénération, ſurtout s'ils avaient faim.

Pluſieurs peuples ont cru très ſérieuſement que les étoiles n'étaient faites que pour éclairer les hommes pendant la nuit. Il a fallu bien du tems pour détromper notre orgueil & notre ignorance. Mais auſſi pluſieurs Philoſophes, & Platon entr'autres, ont enſeigné que les aſtres étaient des Dieux. St. Clément d'Alexandrie & Origène ne doutent pas qu'ils n'ayent des ames capables de bien & de mal; ce ſont des choſes très curieuſes & très inſtructives.

g) *Par*

g) *Par Noé mon ayeul.* Il faut pardonner au lion s'il ne connaissait pas Noé. Les Juifs sont les seuls qui l'ayent jamais connu. On ne trouve ce nom chez aucun autre peuple de la terre. Sanchoniaton n'en a point parlé. S'il en avait dit un mot, Eusèbe son abréviateur en aurait pris un grand avantage. Ce nom ne se trouve point dans le Zenda Vesta de Zoroastre. Le Sadder qui en est l'abrégé ne dit pas un seul mot de Noé. Si quelque auteur Egyptien en avait parlé, Flavien Joseph qui rechercha si exactement tous les passages des livres Egyptiens qui pouvaient déposer en faveur des antiquités de sa nation, se serait prévalu du témoignage de ces auteurs. Noé fut entiérement inconnu aux Grecs ; il le fut également aux Indiens & aux Chinois. Il n'en est parlé ni dans le Védam, ni dans le Shasta, ni dans les cinq Kings ; & il est très remarquable que lui & ses ancêtres ayent été également ignorés du reste de la terre.

h) *De ne toucher jamais à l'homme son image.* Au chap. IX. de la Genèse, verset 10 & suivans, le Seigneur fait un pacte avec les animaux, tant domestiques que de la campagne. Il défend aux animaux de tuer les hommes ; il dit qu'il en tirera vengeance, parce que l'homme est son image. Il défend de même à la race de Noé de manger du sang des animaux mêlé avec de la chair. Les animaux sont presque toûjours traités dans la loi Juive à-peu-près comme les hommes. Les uns & les autres doivent être également en repos le jour du Sabat. (Exode Chap. XXIII.) un taureau qui a frappé un homme de sa corne est puni de mort. (Exode Chap. XXI.) une bête qui a servi de succube ou d'incube à une personne est aussi mise à mort. (Lévit. Chap. XX.) Il est dit que l'homme n'a rien de plus que la bête. (Ecclésiaste Chap. III. & XIX.) dans les playes d'Egypte les premiers nés des hommes & des animaux sont également frappés. (Exode Chap. XII. & XIII.) Quand Jonas prêche la pénitence à Ninive, il fait jeûner les hommes & les animaux. Quand Josué prend Jérico il extermine également les bêtes & les hommes. Tout cela prouve évidemment que les hommes & les bêtes étaient regardés comme deux espèces du même genre. Les Arabes ont encor le même sentiment. Leur tendresse excessive pour leurs chevaux & pour leurs gazelles en est un témoignage assez connu.

i) *Par qui fut-il écrit ?* Le grand Newton, Samuel Clark, prétendent que le Pentateuque fut écrit du tems de Saül. D'autres savans hommes pensent que ce fut sous Ozias ; mais il est décidé que Moïse en est l'auteur malgré toutes les vaines objections fondées sur les vraisemblances, & sur la raison qui trompe si souvent les hommes.

k) *De*

NOTES.

k) *De mes quarante dents.* Ceux qui ont écrit l'histoire naturelle auraient bien dû compter les dents des lions, mais ils ont oublié cette particularité auſſi bien qu'Ariſtote. Quand on parle d'un guerrier il ne faut pas omettre ſes armes. Mr. de St. Didier qui avait vû diſſéquer à Marſeille un lion nouvellement venu d'Afrique, s'aſſura qu'il avait quarante dents.

l) *Où tu fêtais en paix Magdeleine & Lazare?* Ce lion paraît fort inſtruit, & c'eſt encor une preuve de l'intelligence des bêtes. La Sainte Beaume où ſe retira Sainte Marie-Magdeleine eſt fort connue; mais peu de gens ſavent à fond cette hiſtoire. La fleur des Saints peut en donner quelques notions; il faut lire ſon article Tome II. de la fleur des Saints, depuis la page 59. Ce fut Marie-Magdeleine à qui deux Anges parlèrent ſur le Calvaire, & à qui nôtre Seigneur parut en jardinier. Ribadéneira le ſavant auteur de la fleur des Saints, dit expreſſément, que ſi cela n'eſt pas dans l'Evangile la choſe n'eſt pas moins indubitable. Elle demeura, dit-il, dans Jéruſalem auprès de la Vierge Marie avec ſon frère Lazare, que Jeſus avait reſſuſcité, & Marthe ſa ſœur qui avait préparé le repas lorſque Jeſus avait ſoupé dans leur maiſon.

L'aveugle né nommé Celédone, à qui Jeſus donna la vue en frottant ſes yeux avec un peu de boue, & Joſeph d'Arimathie, étaient de la ſociété intime de Magdeleine. Mais le plus conſidérable de ſes amis fut le docteur St. Maximin, l'un des ſoixante & dix diſciples.

Dans la première perſécution qui fit lapider St. Etienne, les Juifs ſe ſaiſirent de Marie-Magdeleine, de Marthe, de leur ſervante Marcelle, de Maximin leur directeur, de l'aveugle né, & de Joſeph d'Arimathie. On les embarqua dans un vaiſſeau ſans voiles, ſans rames & ſans mariniers. Le vaiſſeau aborda à Marſeille comme l'atteſte Baronius. Dès que Magdeleine fut à terre elle convertit toute la Provence. Le Lazare fut Evêque de Marſeille; Maximin eut l'Evêché d'Aix. Joſeph d'Arimathie alla prêcher l'Evangile en Angleterre. Marthe fonda un grand couvent; Magdeleine ſe retira dans la Sainte Beaume où elle brouta l'herbe toute ſa vie. Ce fut là que n'ayant plus d'habits, elle pria toûjours toute nue; mais ſes cheveux crurent juſqu'à ſes talons, & les Anges venaient la peigner & l'enlever au Ciel ſept fois par jour, en lui donnant de la muſique. On a gardé longtems une fiole remplie de ſon ſang & de ſes cheveux, & tous les ans, le jour du Vendredi Saint, cette fiole a bouilli à vue d'œil. La liſte de ſes miracles avérés eſt innombrable.

Vers faits pour Madame de POMPADOUR *à Etiolle en 1745, pendant qu'elle deſſinait.*

Ainſi donc vous réuniſſez
Tous les arts, tous les gouts, tous les talens de plaire,
Pompadour, vous embelliſſez
La Cour, le Parnaſſe & Cythère.
Charme de tous les cœurs, tréſor d'un ſeul mortel,
Qu'un ſort ſi beau ſoit éternel;
Que vos jours précieux ſoient marqués par des fêtes;
Que la paix dans nos champs revienne avec Louis.
Soyez tous deux ſans ennemis,
Et gardez tous deux vos conquêtes.

Réponſe de Mr. de V... à Mr. de ......

Vous ſavez penſer comme écrire :
Les graces avec la raiſon
Vous ont confié leur empire ;
L'infâme ſuperſtition,
Sous vos traits délicats expire :
Ainſi l'immortel Apollon
Charme l'Olympe de ſa lyre,
Tandis que les flêches qu'il tire,

Ecrasent le serpent Python :
Il est Dieu, quand par son courage
Ce monstre affreux est terrassé ;
Il l'est, quand son brillant visage
Rallume le jour éclipsé ;
Mais entre les genoux d'Issé,
Je le crois Dieu bien davantage.

Réponse à ....

J'Ai été touché, Monsieur, de votre lettre du 12. Février. On m'a dit que vous êtes dévot, cependant je vous vois de la sensibilité & de l'honnêteté. Vous m'apprenez que vous avez été taillé de la pierre il y a douze ans, je vous félicite de vivre si vous trouvez la vie plaisante : j'ai toûjours été affligé que dans le meilleur des mondes possibles il y eût des cailloux dans les vessies, attendu que les vessies ne sont pas plus faites pour être des carrières que des lanternes ; mais je me suis toûjours soumis à la Providence ; je n'ai point été taillé ; j'ai eu & j'ai ma bonne dose de mal en autre monnoie ; chacun a la sienne ; il faut savoir souffrir & mourir de toutes les façons.

Vous me mandez qu'on a imprimé je ne sais quelles lettres que je vous écrivis il y a plus de trente années ; vous m'apprenez qu'elles étaient tombées entre les mains d'un nommé Vaugé, qui n'en peut répondre, attendu qu'il est mort. Si ces lettres ont été son seul héritage, je conseille feille aux hoirs de renoncer à la succession. J'ai lû ce recueil, je m'y suis ennuyé, mais j'ai assez de mémoire dans ma soixante & douziéme année pour assurer qu'il n'y a pas une de ces lettres qui ne soit falsifiée ; je défie tous les Vaugé morts ou vivans, & tous les éditeurs de rapsodies, de montrer une seule page de ma main qui soit conforme à ce qu'on a eu la sotise d'imprimer.

Il y a environ cinquante ans qu'on est en possession de se servir de mon nom ; je suis bien aise qu'il ait fait gagner quelque chose à de pauvres diables ; il faut que le *pauvre diable* vive ; mais il faudrait au moins qu'il me consultât, pour gagner son argent plus honnêtement.

Vous m'apprenez, Monsieur, que l'auteur de l'*Année litteraire* a fait usage de ces lettres, vous ne me dites pas quel usage, & si c'est celui qu'on fait ordinairement de ses feuilles ; tout ce que je peux vous répondre, c'est que je n'ai jamais lû l'*Année litteraire*, & que je suis trop propre pour en faire usage.

Vous craignez que l'impression de ces chiffons ne me fasse mourir de chagrin, rassurez-vous, je ne suis point abandonné dans ma vieillesse décrépite, j'ai dans ma maison un Jésuite qui m'a donné des leçons de patience ; car si j'ai haï les Jésuites quand ils étaient puissans & un peu insolens, je les aime quand ils sont humiliés : je ne vois d'ailleurs que des gens heureux, & cela regaillardit ; mes paysans sont tous à leur aise, ils ne voyent jamais d'huissiers avec des contraintes. J'ai bâti comme Mr. de Pompignan, une jolie Eglife, où je prie Dieu pour fa conversion & pour celle de Cathérin Fréron; je le prie auffi qu'il vous infpire la difcrétion de ne plus laiffer prendre des copies infidèles des lettres qu'on vous écrit. Portez-vous bien; je fuis vieux, vous n'êtes pas jeune, je vous pardonne de tout mon cœur votre faibleffe, j'ai pardonné dans d'autres jufqu'à l'ingratitude; il n'y a que la méchanceté orgueilleufe & hypocrite qui m'a quèlquefois ému la bile; mais à préfent, rien ne me fait de la peine que les mauvais vers qu'on m'envoye quelquefois de Paris.

Discours à mon Vaisseau. (*)

O Vaisseau qui portes mon nom,
Puisses-tu comme moi résister aux orages !
L'Empire de Neptune a vû moins de naufrages
    Que le Permesse d'Apollon.
Tu vogueras peut-être à ces climats sauvages
Que Jean-Jacque a vanté dans son nouveau jargon;
    Va débarquer sur ces rivages
    Patouillet , N...... & Frélon ;
    A moins qu'aux chantiers de Toulon ,
Ils ne servent le Roi noblement & sans gages.

Mais non, ton sort t'appelle aux Dunes d'Albion ;
Tu verras dans les champs qu'arrose la Tamise,
La liberté superbe auprès du Trône assise ;
Le chapeau qui la couvre est orné de lauriers ;
Et malgré ses partis , sa fougue, & sa licence,
Elle tient dans ses mains la corne d'abondance,
    Et les étendarts des guerriers.

Sois certain que Paris ne s'informera guères
Si tu vogues vers Smyrne où l'on vit naître Homère,
    Ou si ton Breton nautonier
Te conduit près de Naple en ce séjour fertile,
                              Qui

(*) Une Compagnie de Nantes vient de mettre en mer un beau vaisseau qu'elle a nommé *le Voltaire*.

Qui fait bien plus de cas du sang de St. Janvier,
    Que de la cendre de Virgile.

Ne va point sur le Tibre, il n'est plus de talens,
    Plus de héros, plus de grand-homme ;
    Chez ce peuple de conquérans
    Il est un Pape, & plus de Rome.

Va plutôt vers ces monts qu'autrefois sépara
    Le redoutable fils d'Alcmène,
Qui domta les lions, sous qui l'hydre expira,
Et qui des Cieux jaloux brava toûjours la Reine.
Tu verras en Espagne un (*) Alcide nouveau,
    Vainqueur d'une hydre plus fatale ;
Des superstitions déchirant le bandeau,
    Plongeant dans la nuit du tombeau,
De l'Inquisition la puissance infernale.
Di-lui, qu'il est en France un mortel qui l'égale ;
Car tu parles sans doute, ainsi que le vaisseau
    Qui transporta dans la Colchide
Les deux gemeaux divins, Jason, Orphée, Alcide :
Baptisé sous mon nom tu parles hardiment :
Que ne diras-tu point des énormes sotises,
    Que mes chers Français ont commises
    Sur l'un & sur l'autre élément !

Tu brûles de partir, atten, demeure, arrête,
Je prétends m'embarquer, atten-moi, je te joins !
Libre de passions & d'erreurs & de soins,
J'ai sû de mon asyle écarter la tempête ;
                                        Mais

(*) Mr. le Comte d'Aranda.

Mais dans mes prés fleuris, dans mes sombres forêts,
Dans l'abondance & dans la paix,
Mon ame est encor inquiète :
Des méchans & des sots je suis encor trop près :
Les cris des malheureux percent dans ma retraite.
Enfin le mauvais goût qui domine aujourd'hui
Deshonore trop ma patrie.
Hier on m'apporta pour combler mon ennui
Le Tacite de la Bletrie.
Je n'y tiens point, je pars, & j'ai trop différé.
Ainsi je m'occupais sans suite & sans méthode
De ces pensers divers où j'étais égaré,
Comme tout solitaire à lui-même livré,
Ou comme un fou qui fait une ode ;
Quand Minerve tirant les rideaux de mon lit,
Avec l'aube du jour m'apparut & me dit,
Tu trouveras par-tout la même impertinence.
Les ennuyeux & les pervers
Composent ce vaste univers :
Le monde est fait comme la France.

Je me rendis à la raison,
Et sans plus m'affliger des sotises du monde,
Je laissai mon vaisseau fendre le sein de l'onde,
Et je restai dans ma maison.

Réponse.

Réponse à Mr. F. de N. Aoust 1766.

SI vous brillez à votre aurore
Quand je m'éteins à mon couchant ;
Si dans votre fertile champ
Tant de fleurs s'empreſſent d'éclore,
Lorſque mon terrein languiſſant
Eſt dégarni des dons de Flore ;

Si votre voix jeune & ſonore
Prélude d'un ton ſi touchant,
Quand je fredonne à peine encore
Les reſtes d'un lugubre chant ;

Si, des Graces qu'en vain j'implore,
Vous devenez l'heureux amant,
Et ſi ma vieilleſſe déplore
La perte de cet art charmant,
Dont le Dieu des vers vous honore ;

Tout cela peut m'humilier ;
Mais je n'y vois point de remède ;
Il faut bien que l'on me ſuccède,
Et j'aime en vous mon héritier.

Fin de la cinquième Partie.

TABLE

des Piéces contenues dans cette cinquiéme Partie.

LA PRINCESSE DE NAVARRE, *comédie-ballet* : *Fête donnée par le* ROI *en son château de Versailles, le mardi* 23. *Février* 1745. . . . . . . pag. 5.

LE TEMPLE DE LA GLOIRE : *Fête donnée à Versailles le* 27. *Novembre* 1745. . 98.

CHARLOT, ou LA COMTESSE DE GIVRY, *piéce dramatique*. . . . . 141.

Drame, traduit de l'Anglais de Mr. Hut. 199.

Lettre aux Auteurs de la Gazette litteraire, sur les songes. . . . . . . 257.

Autre aux mêmes. . . . . . 261.

Autre aux mêmes. . . . . . 265.

Dialogue, entre Periclès, *un Grec moderne, & un Russe.* . . . . . 270.

Eloge historique de Mad. la Marquise du Châtelet. . . . . . . 277.

Justification de Mr. de Thou, *contre les accusations de Mr.* de Buri, *auteur d'une Vie de* HENRI IV. . . . . 287.

POE-

TABLE.

POÉSIES, &c.

A Mr. L.....	pag. 307.
Impromptu fait à un souper dans une Cour d'Allemagne.	ibid.
Sur un Reliquaire.	308.
Au Chevalier D.	309.
A un Bavard.	ibid.
A l'occasion de l'expulsion des Jésuites.	ibid.
Quatrain pour être mis au bas du portrait de Confucius.	310.
A Mad. la Duchesse de	ibid.
Réponse à une piéce intitulée le Cœur, de Mr. le Chev. de B......	311.
Réponse à des vers de Mr. Ch.	312.
Au Chevalier D. B.	ibid.
Lettre à M. M.... Mars 1765.	313.
Portrait de Mad.	314.
Vers à la même.	ibid.
Réponse à Mr. de St. L...	316.
Epître à M. de St. L...	317.
A Mr. de F....	318.
A Mad. de	319.
Lettre au Roi de Dannemarck.	320.
A Mad. de B....	321.
A Mr. de la P.... en lui envoyant un exemplaire de Semiramis.	ibid.
Sur le Louvre.	322.

TABLE

A Mad. la Comtesse D. L. N. en lui en-
voyant l'épître sur la calomnie. pag. 322.
Epitre à M. Des Mahis. . . 323.
Réponse à Mr. D. B... . . 324.
A Mr. S. D. M. . . . 326.
A Mr. D. M. . . . . ibid.
Lettre de M. F. . . . 328.
A Mlle. Clairon. . . . 332.
Vers à Mr. De Belloy. . . ibid.
A l'Auteur de Richardet. . . 333.
A Mad. du Châtelet jouant à Sceaux le
rôle d'Issé. . . . . 334.
A Mr. de V.... sur son éloge de Char-
les V. . . . . ibid.
Aux Habitans de Lyon. . . ibid.
Sur le baiser que la Dauphine donna à Alain
Chartier fameux auteur du tems de
Charles VI. . . . 335.
A Mlle. Gaussin jouant Alzire. . 335.
Sur l'élection du Comte Poniatowski au trône
de Pologne. . . . 336.
Conversation singulière. . . 337.
Vers faits pour Mad. de Pompadour à Etiolle
en 1745. pendant qu'elle dessinait. 346.
Réponse de Mr. de V... à Mr. de ...... ibid.
Réponse à .... 347.
Discours à mon vaisseau. . . 350.
Réponse à Mr. F. de N. Aoust 1766. 353.

SUPPLEMENT
A LA CINQUIEME PARTIE
DES
NOUVEAUX MELANGES.

LES
TROIS EMPEREURS
EN SORBONNE.

Par Mr. l'Abbé CAILLE.

L'Héritier de Brunswick & le Roi des Danois,
Vous le savez, amis, ne sont pas les seuls Princes
Qu'un desir curieux mena dans nos provinces,
Et qui des bons esprits ont réuni les voix.
Nous avons vû Trajan, Titus & Marc-Aurèle
Quitter le beau séjour de la gloire immortelle
Pour venir en secret s'amuser dans Paris.
Quelque bien qu'on puisse être on veut changer de place,
C'est pourquoi les Anglais sortent de leur païs.

L'esprit est inquiet, & de tout il se lasse,
Souvent un bienheureux s'ennuie en paradis.
   Le trio d'Empereurs arrivés dans la ville,
Loin du monde & du bruit choisit son domicile
Sous un toit écarté, dans le fond d'un fauxbourg.
Ils évitaient l'éclat ; les vrais Grands le dédaignent.
Les galans de la Cour & les beautés qui règnent,
Tous les gens du bel air ignoraient leur séjour.
A de semblables saints il ne faut que des sages ;
Il n'en est pas en foule. On en trouva pourtant,
Gens instruits & profonds qui n'ont rien de pédant,
Qui ne prétendent point être des personnages,
Qui des sots préjugés paisiblement vainqueurs,
D'un regard indulgent contemplent nos erreurs ;
Qui sans craindre la mort savent goûter la vie ;
Qui ne s'appellent point, *la bonne compagnie*,
Qui la font en effet. Leur esprit & leurs mœurs
Réussirent beaucoup chez les trois Empereurs.
A leur petit couvert chaque jour ils soupèrent,
Moins ils cherchaient l'esprit & plus ils en montrèrent ;
Tous charmés l'un de l'autre ils étaient bien surpris
D'être sur tous les points toûjours du même avis.
Ils ne perdirent point leurs momens en visites ;
Mais on les rencontrait aux arsenaux de Mars,
Chez Clio, chez Minerve, aux atteliers des arts.
Ils les encourageaient en pesant leurs mérites.
   On conduisit bientôt nos nouveaux curieux
Aux chefs-d'œuvre brillans d'Andromaque & d'Armide,
Qu'ils préféraient aux jeux du Cirque & de l'Elide.
Le plaisir de l'esprit passe celui des yeux.

D'un

Dun plaisir différent nos trois Césars jouirent,
L'orsqu'à l'observatoire un verre industrieux
Leur fit envisager la structure des cieux,
Des cieux qu'ils habitaient, & dont ils descendirent.
 De là, près d'un beau pont que bâtit autrefois
Le plus grand des Henris, & peut-être des Rois,
Marc-Aurèle apperçut ce bronze qu'on révère,
Ce Prince, ce héros célébré tant de fois
Des Français inconstans le vainqueur & le père ;
Le voilà, disaient-ils, nous le connaissons tous ;
Il boit au haut des cieux le nectar avec nous.
Un des sages leur dit : Vous savez son histoire,
On adore aujourd'hui sa valeur, sa bonté,
Quand il était au monde il fut persécuté.
Buri même à présent lui conteste sa gloire. *a*)
Pour dompter la critique on dit qu'il faut mourir ;
On se trompe ; & sa dent qui ne peut s'assouvir
Jusques dans le tombeau ronge notre mémoire.
 Après ces monumens si grands, si précieux,
A leurs regards divins si dignes de paraître,
Sur de moindres objets ils baissèrent les yeux.
 Ils voulurent enfin tout voir & tout connaître,
Les boulevards, la foire & l'opéra bouffon,
L'école où Loyola corrompit la raison,
Les quatre Facultés & jusqu'à la Sorbonne.
 Ils entrent dans l'étable où les Docteurs tousés
Ruminaient Saint Thomas & prenaient leurs degrés.
Au séjour de l'*Ergo*, Ribaudier en personne
Estropiait alors un discours en latin.
Quel latin, juste ciel ! les héros de l'Empire

Se mordaient les cinq doigts pour s'empêcher de rire.
Mais ils ne rirent plus quand un gros auguftin
Du Concile Gaulois lut tout haut les cenfures.
Il difait anathême aux nations impures
Qui n'avaient jamais fû dans leurs impietés
Qu'auprès de l'Eftrapade il fût des Facultés.
 O morts ! s'écriait-il, vivez dans les fupplices, *b*)
Princes, fages, héros, exemples des vieux tems,
Vos fublimes vertus n'ont été que des vices,
Vos belles actions des péchés éclatans.
Dieu livre, felon nous, à la gêne éternelle
Epictète, Caton, Scipion l'Africain,
Ce coquin de Titus l'amour du genre humain,
Marc-Aurèle, Trajan, le grand Henri lui-même,
Tous créés pour l'enfer & morts fans facremens.
Mais parmi fes élus nous plaçons les Cléments *c*)
Dont nous avons ici folemnifé la fête;
De beaux rayons dorés nous ceignimes fa tête :
Ravaillac & Damiens, s'ils font de vrais croyans, *d*)
S'ils font bien confeffés font fes heureux enfans.
Un Fréron bien huilé verra Dieu face à face ; *e*)
Et Turenne amoureux, mourant pour fon païs,
Brûle éternellement chez les anges maudits.
Tel eft notre plaifir. Telle eft la loi de Grace.
 Les divins voyageurs étaient bien étonnés
De fe voir en Sorbonne & de s'y voir damnés.
Les vrais amis de Dieu répriment leur colère.
Marc-Aurèle lui dit d'un ton très débonnaire : *f*)
Vous ne connaiffez pas les gens dont vous parlez;
Les Facultés par fois font affez mal inftruites

Des

Des secrets du Très-Haut, quoi qu'ils soient révélés.
Dieu n'est ni si méchant, ni si sot que vous dites.

 Ribaudier à ces mots roulant un œil hagard
Dans des convulsions dignes de Saint Médard,
Nomma le demi-Dieu déïste, athée, impie,
Hérétique, ennemi du trône & de l'autel,
Et lui fit intenter un procès criminel.

 Les Romains cependant sortent de l'écurie.
Mon Dieu, disait Titus, ce Monsieur Ribaudier
Pour un Docteur Français me semble bien grossier.
Nos sages rougissaient pour l'honneur de la France ;
Pardonnez, dit l'un d'eux, à tant d'extravagance.
Nous n'assistons jamais à ces belles leçons.
Nous nous sommes mépris ; Ribaudier nous étonne,
Nous pensions en effet vous mener en Sorbonne,
Et l'on vous a conduits aux petites maisons.

NOTES.

a) Buri même à présent lui conteste sa gloire. On dit qu'un écrivain, nommé Mr. de Buri, a fait une histoire de Henri IV, dans laquelle ce héros est un homme très médiocre. On ajoute qu'il y a dans Paris une petite secte qui s'élève sourdement contre la gloire de ce grand-homme. Ces Messieurs sont bien cruels envers la patrie ; qu'ils songent combien il est important qu'on regarde comme un être approchant de la Divinité, un Prince qui exposa toûjours sa vie pour sa nation, & qui voulut toûjours la soulager. Mais il avait des défauts, mais il avait des faiblesses. Oui, sans doute ; il était homme : mais béni soit celui qui a dit que ses défauts étaient ceux d'un homme aimable, & ses vertus celles d'un grand-homme. Plus il fut la victime du fanatisme, plus il doit être presque adoré par quiconque n'est pas convulsionnaire.

Cha-

Chaque nation, chaque Cour, chaque Prince a besoin de se choisir un patron pour l'admirer & pour l'imiter. Eh! quel autre choisira-t-on que celui qui dégageait ses amis aux dépends de son sang dans le combat de Fontaine-Française, qui criait dans la victoire d'Ivry, *épargnez les compatriotes*, & qui au faîte de la puissance & de la gloire disait à son Ministre, *je veux que le paysan ait une poule au pot tous les dimanches*.

b) *O morts! s'écriait-il, vivez dans les supplices*. Il est nécessaire de dire au public qui l'a oublié, qu'un nommé Thibaudier principal du collége Mazarin, & un régent nommé Cogé, s'étant avisés d'être jaloux de l'excellent livre moral de *Bélisaire*, cabalèrent pendant un an pour le faire censurer par ceux qu'on appelle *Docteurs de Sorbonne*. Au bout d'un an ils firent imprimer cette censure en latin & en français. Elle n'est cependant ni française ni latine; le titre même est un solécisme, *Censure de la Faculté de Théologie contre le livre &c.* On ne dit point, *censure contre*, mais, *censure de*. Le public pardonne à la Faculté de ne pas savoir le français, on lui pardonne moins de ne pas savoir le latin. *Determinatio Sacræ Facultatis in libellum*, est une expression ridicule. *Determinatio* ne se trouve ni dans Cicéron, ni dans aucun bon auteur; *determinatio in*, est un barbarisme insupportable; & ce qui est encor plus barbare, c'est d'appeler *Bélisaire* un libelle en faisant un mauvais libelle contre lui.

Ce qui est encor plus barbare, c'est de déclarer damnés tous les grands-hommes de l'antiquité qui ont enseigné & pratiqué la justice. Cette absurdité est heureusement démentie par St. Paul, qui dit expressément dans son Epitre aux Juifs tolérés à Rome: *Lorsque les Gentils qui n'ont point la loi font naturellement ce que la loi commande n'ayant point notre loi, ils sont loi à eux-mêmes*. Tous les honnêtes gens de l'Europe & du Monde entier ont de l'horreur & du mépris pour cette détestable ineptie qui va damnant toute l'antiquité. Il n'y a que des cuistres sans raison & sans humanité qui puissent soutenir une opinion si abominable & si folle, désavouée même dans le fond de leur cœur. Nous ne prétendons pas dire que les Docteurs de Sorbonne sont des cuistres, nous avons pour eux une considération plus distinguée; & nous les plaignons seulement d'avoir signé un ouvrage qu'ils sont incapables d'avoir fait, soit en français, soit en latin.

Remarquons pour leur justification qu'ils se sont intitulés dans le titre *sacrée faculté*, en langue latine, & qu'ils ont eu la discrétion de supprimer en français ce mot *sacrée*.

c) *Mais parmi ses élus nous plaçons les Cléments*. On ne peut trop répéter que la Sorbonne fit le panégyrique du jacobin

Jac-

NOTES.

Jacques Clément assassin de Henri III, étudiant en Sorbonne, & que d'une voix unanime elle déclara Henri III déchu de tous ses droits à la Royauté, & Henri IV incapable de régner.

Il est clair que selon les principes cent fois étalés alors par cette Faculté, l'assassin parricide Jacques Clément qu'on invoquait publiquement alors dans les églises, était dans le Ciel au nombre des Saints, & que Henri III Prince voluptueux, mort sans confession, était damné. On nous dira peut-être que Jacques Clément mourut aussi sans confession. Mais il s'était confessé, & même avait communié l'avant-veille, de la main de son prieur Bourgoin son complice, qu'on dit avoir été Docteur de Sorbonne, & qui fut écartelé. Ainsi Clément muni des sacremens fut non-seulement saint, mais martyr. Il avait imité St. Judas, non pas Judas Iscariote, mais Judas Maccabée; Ste. Judith qui coupait si bien les têtes des amans avec lesquels elle couchait; St. Salomon qui assassina son frère Adonias; St. David qui assassina Urie, & qui en mourant ordonna qu'on assassinât Joab; Ste. Jahel qui assassina le Capitaine Sizara; St. Aod qui assassina son Roi Eglon, & tant d'autres saints de cette espèce. Jacques Clément était dans les mêmes principes, il avait la foi. On ne peut lui contester l'espérance d'aller au paradis, au jardin. De la charité, il en était dévoré, puisqu'il s'immolait volontairement pour les rebelles. Il est donc aussi sûr que Jacques Clément est sauvé, qu'il est sûr que Marc-Aurèle est damné.

d) *Ravaillac &c.* Selon les mêmes principes Ravaillac doit être dans le paradis, dans le jardin; & Henri IV dans l'enfer qui est sous terre; car Henri IV mourut sans confession, & il était amoureux de la Princesse de Condé. Ravaillac au contraire n'était point amoureux, & il se confessa à deux Docteurs de Sorbonne. Voyez quelles douces consolations nous fournit une théologie qui damne à jamais Henri IV, & qui fait un élu de Ravaillac & de ses semblables. Avouons les obligations que nous avons à Ribaudier de nous avoir dévelopé cette doctrine.

e) *Un Fréron bien huilé.* Mr. l'Abbé Caille a sans doute accolé ces deux noms pour produire le contraste le plus ridicule. On appelle communément à Paris un *Fréron*, tout gredin insolent, tout polisson qui se mêle de faire de mauvais libelles pour de l'argent. Et Mr. l'Abbé Caille oppose un de ces faquins de la lie du peuple qui reçoit l'Extrême-Onction sur son grabat, au grand Turenne qui fut tué d'un coup de canon sans le secours des saintes-huiles, dans le tems qu'il était amoureux de Madame de Coetquen. Cette note rentre dans la précédente, & sert à confirmer l'opinion théo-

théologique qui accorde la possession du jardin au dernier malotru couvert d'infamie, & qui la refuse aux plus grands hommes, & aux plus vertueux de la terre.

f) *Marc-Aurèle lui dit.* On invite les lecteurs attentifs à relire quelques maximes de l'Empereur Antonin, & à jetter les yeux, s'ils le peuvent, sur la censure *contre Bélisaire.* Ils trouveront dans cette censure des distinctions sur la foi & sur la loi, sur la grace prévenante, sur la prédestination absolue, & dans Marc-Antonin ce que la vertu a de plus sublime & de plus tendre. On sera peut-être un peu surpris que de petits Welches inconnus aux honnêtes gens, ayent condamné dans la rue des Maçons ce que l'ancienne Rome adora, & ce qui doit servir d'exemple au Monde entier. Dans quel abîme sommes-nous descendus ! la nouvelle Rome vient de canoniser un capucin nommé Cucufin, dont tout le mérite, à ce que rapporte le procès de la canonisation, est d'avoir eu des coups de pied dans le cu, & d'avoir laissé répandre un œuf frais sur sa barbe. L'Ordre des capucins a dépensé quatre cent mille écus aux dépens des peuples pour célébrer dans l'Europe l'apothéose de Cucufin sous le nom de Saint Séraphin : & Ribaudier damne Marc-Aurèle ! O Ribaudiers, la voix de l'Europe commence à tonner contre tant de sotises.

Lecteur éclairé & judicieux, car je ne parle pas aux bégueules imbécilles qui n'ont lû que l'*Année sainte* de Le Tourneux, ou le *Pédagogue chrétien;* de grace apprenez à vos amis quelle est l'énorme distance des offices de Cicéron, du manuel d'Epictète, des maximes de l'Empereur Antonin à tous les plats ouvrages de morale écrits dans nos jargons modernes, bâtards de la langue Latine, & dans les effroyables jargons du Nord. Avons-nous seulement dans tous les livres faits depuis six cent ans rien de comparable à une page de Sénèque ? Non, nous n'avons rien qui en approche; & nous osons nous élever contre nos maîtres !

www.ingramcontent.com/pod-product-compliance
Lightning Source LLC
Chambersburg PA
CBHW070845170426
43202CB00012B/1953